D1882528

शिवपुराण

राजा गिरधारी प्रसाद 'बाख़ी'

शिवपुराण

राजा गिरधारी प्रसाद 'बाख़ी'

प्रस्तुति

डॉ. नारायण राज

संपादक

डॉ. शेख़ अब्दुल

KALPAZ

शिवपुराण

राजा गिरधारी प्रसाद 'बाख़ी'

ISBN : 978-93-8639-708-9

भारत में सन् 2017 में प्रकाशित
कल्पाज पब्लिकेशन
सी–30, सत्यवती नगर,
दिल्ली–110052
Phone : 9212142040
ई–मेल: kalpaz@hotmail.com

मुद्रित: जी. प्रिंट प्रोसेस, दिल्ली

राय नरहरि प्रसाद

के स्मरण में

जो एक महान विद्वान, सच्चे भक्त और
भारतीय संस्कृति के प्रतीक पुरुष थे।

एक अंतरंग परिचय

राजा गिरधारी प्रसाद महबूब नवाज़वंत 'बाक़ी' और उनका 'शिवपुराण'

यह एक वास्तविकता है कि पुराणों का उतना ही महत्व है जितना वेदों का है। अठारह पुराणों में शिवपुराण भी एक है। यह भगवान शिव और पार्वती के बारे में है। हिंदू धर्म के अन्य पुराणों की तरह शिवपुराण भी संस्कृत में लिखा गया। हमारे सिद्धांतों, मूल्यों की रक्षा और संस्कृति के प्रसार में पुराणों का महत्वपूर्ण योगदान है। पुराण द्वितीय शताब्दी में लिखे गए। ऐतिहासिक सूचना के लिए यह महत्वपूर्ण आधार है। शिवपुराण ऋषि वेद व्यास के द्वारा लिखा गया। इसमें 24000 श्लोक सात संहिताओं में विभाजित हैं। कुछ लोगों का मानना है कि इसमें 100000 श्लोक हैं। अन्य पुराणों की तरह शिवपुराण का भी दीर्घकाल तक संपादन और संशोधन होता रहा। उसके प्रत्येक संहिता के अलग अलग नाम हैं। वे हैं - वागेश्वरी संहिता, भद्रसंहिता, शतरुद्रसंहिता, कोटिरुद्रसंहिता, उमासंहिता, कैलाशसंहिता और वायवीयसंहिता। यह माना जाता है कि मूलरुप से इसमें बारह संहिताएँ थी, इसमें से पाँच संहिताएँ नष्ट हो गई है।

यह सत्य है कि सदियों से हमारी संस्कृति ने सत्य, न्याय, प्रेम और सदाचार के सिद्धांतों की शिक्षा दी हैं। सांस्कृतिक मूल्य ही हमारा दृष्टिकोण है। इस में कोई दो राय नहीं कि पुराणों ने इन सिद्धांतों और मूल्यों की रक्षा में योगदान दिया है। और यह भी सत्य है कि पुराणों ने हमारे आध्यात्मिक विकास की शिक्षा दी है।

हिंदू देवमाला के अनुसार शिवपुराण के पारायण और श्रवण के लाभ हैं। यह भगवान शिव की सृष्टि है। शिवपुराण मनुष्यों के मोक्ष का उत्तम साधन है।

राजा गिरधारी प्रसाद महबूब नवाज़वंत 'बाख़ी' हैदराबाद के संभ्रांत परिवारों में गिने जाते हैं, उनका उपनाम 'बंसी राजा' था। गिरधारी प्रसाद कायस्थ जाति के सक्सेना थे। उनके पूर्वज 18 वीं शताब्दी में निजाम-उल-मुल्क आसफजाह के साथ हैदराबाद आकर बस गये थे। बंसी राजा के पूर्वजों ने निजाम के शासन में शासकीय एवं सैन्य सेवाओं में महत्वपूर्ण योगदान दिया।

सक्सेना परिवार के मुखिया राय दौलत राय तत्कालीन उत्तर प्रदेश के फर्रुखाबाद जिले के छबरा मऊ से स्थानान्तरित होकर हैदराबाद आये थे। उनके पुत्र राजा राम प्रसाद ने निजाम शासन के दौर में 36 विभागों के अधिकारी एवं संरक्षक के रूप में अपनी सेवाएँ दीं। वो निजाम के अति विश्वसनीय सेवकों की श्रेणी में प्रतिष्ठित थे। उनकी सेवा एवं निष्ठा से अभिभूत हो, निजाम सरकार ने उन्हें 'राजा' की उपाधि से अलंकृत किया था।

राजा राम प्रसाद भी अपने पिता की भाँति विद्वान एवं लेखक थे। वो बड़ी ही सरलता से फ़ारसी भाषा का ब्रज भाषा में अनुवाद किया करते थे। उन्होंने ब्रज भाषा में 'चित्रगुप्त माहात्म्य' ग्रंथ की रचना की। इसके अतिरिक्त हिंदी तथा ब्रज भाषा में कई रचनाएँ लिखीं।

श्री राजा राम प्रसाद जी की मृत्यु के पश्चात उनके पुत्र स्वामी प्रसाद ने उनके उत्तरदायित्वों को अपने कंधों पर उठाया। स्वामी प्रसाद की सेवानिष्ठा को देखते हुए, तत्कालीन शासन ने उन्हें **1789** में 'राय' की उपाधि से विभूषित किया। वो फ़ारसी व उर्दू भाषा के ज्ञाता थे। उन्होंने इन दोनों भाषाओं में श्रेष्ठ काव्य रचना की। इसके अतिक्ति हिंदी में भी काव्य लिखा। स्वामी प्रसाद उर्दू में 'असग़र' तथा हिंदी में 'स्वामी' के उपनामों से रचनाएँ लिखते थे। उनकी ग़ज़लें, रुबाइयाँ एवं गीत 'मजनुवा-

ए-असग़र' में संग्रहित हैं। स्वामी प्रसाद ने श्री भागवत् पुराण के कुछ स्कंधों की रचना फ़ारसी, ब्रज तथा संस्कृत में की। उस वृहद हस्तालिखित पाण्डुलिपि के रचनाकारों में लाला हुकुम राय, राय स्वामी प्रसाद एवं उनके पुत्र राय नरहरि प्रसाद हैं। ये हस्तलिखित पाण्डुलिपि हैदराबाद के सालार जंग संग्रहालय के पुस्तकालय में संरक्षित है।

स्वामी प्रसाद जी की मृत्यु के पश्चात शीघ्र ही उनके पुत्र नरहरि प्रसाद अति अल्पायु में अपने पिता के दायित्व पूरे करने में जुट गये। सन् 1820 में केवल ग्यारह वर्ष की अवस्था में नरहरि प्रसाद को तत्कालीन शासक सिकन्दर जाह निजाम-3 ने शाही दस्तरखान एवं मशालखाने का प्रभारी नियुक्त किया। सन् 1846 में उनकी क्षमताओं का आकलन कर उन्हें 'सर्फ-ए-खास' फौज का 'सरिश्तेदार' नियुक्त किया गया। उल्लेखनीय है कि सुयोग्य विद्वान एवं प्रशासक राय नरहरि प्रसाद ने क्रमशः तीन शासकों के अधीन अपनी सेवाएँ दीं - सिकंदर जाह निजाम-III (1803-1829), नासिरउदौला निजाम-IV (1829-1857) तथा अफजलउदौला निजाम-V (1857-1869)। नासिरउदौला निजाम-IV के शासन काल में नरहरि प्रसाद ने सरिश्तेदार की हैसियत से एक फौज का गठन किया। नरहरि प्रसाद के कार्यों एवं सेवाओं से अभिभूत होकर सन् 1858 में अफजलउदौला निजाम-V ने अपने जन्मदिन पर आमंत्रित कर दरबार में उन्हें 'राय' की उपाधि से सुशोभित किया।

नरहरि प्रसाद फ़ारसी, हिंदी एवं संस्कृत भाषा के ज्ञाता थे। उन्होंने विभिन्न विषयों पर कई पुस्तकों की रचना की जैसे 'नरहरि माल' (भजन-संग्रह), 'नरहरि ज्ञान' तथा 'नरहरि उपदेश'। किंतु उनकी विद्वत्ता का चरमोत्कर्ष 'नरहरि प्रकाश' में दिखाई देता है। उन्होंने संस्कृत के प्रसिद्ध ग्रंथ 'योग वाशिष्ठ' का हिंदी में अनुवाद किया। ऐसा माना जाता

है कि नरहरि प्रसाद से पूर्व किसी भी विद्वान ने संस्कृत के ग्रंथ 'योग वाशिष्ठ' का हिंदी के काव्य रूप में अनुवाद नहीं किया था। साहित्यिक साक्ष्य के आधार पर 'नरहरि प्रकाश' संस्कृत के 'योग वाशिष्ठ' का सर्वप्रथम हिंदी एवं ब्रज भाषा में अनुदित काव्य है। नरहरि प्रसाद का ग्रंथ 'नरहरि प्रकाश' हिंदी साहित्य की अनुपम कृति है। नरहरि प्रसाद ने अल्प अवधि में भागवत लेखन का महत्वपूर्ण एवं अद्वितीय कार्य भी अपने हाथों में लिया था। ज्ञात हो कि ये हस्तलिपि अप्रकाशित थी, जिसे सन् 2014 में मेरे ही प्रयासों से प्रकाशित किया गया। प्रकाशन से पहले मुझे ऐसा लगा कि मेरे पूर्वजों की धरोहर को देश और समाज के सामने लाना चाहिए। इसलिए यह विशाल ग्रंथ 600 पृष्ठों का नरहरी प्रसाद चैरिटेबुल ट्रस्ट द्वारा प्रकाशित किया गया। तत्पश्चात थाती के रूप में भारत सरकार के संसद पुस्तकालय, नई दिल्ली, साहित्य अकाडमी, नई दिल्ली, रामकृष्ण मिशन लाइब्रेरी, हैदराबाद, रज़ा लाइब्रेरी, रामपुर (उत्तर प्रदेश), ख़ुदाबख्श लाइब्ररी, पट्ना (बिहार) तथा बनारस हिंदू विश्वविद्यालय, वाराणसी के लाइब्ररी को भेंट किया गया। जिसकी प्रशंसा पूरे देशभर में हुई। इस प्रकार से मुझे अपने पूर्वजों की धरोहर के रूप में पांडुलिपियों को प्रकाशित करने की प्रेरणा मिली।

नरहरि प्रसाद के पुत्र राजा गिरधारी प्रसाद महबूब नवाज़वंत 'बाख़ी', जो 'बंसी राजा' के उपनाम से प्रसिद्ध थे। इनका जन्म सन् 1828 में हुआ था। उनके फ़ारसी शिक्षक हजरत मोहम्मद अली थे, जिनका तखल्लुस 'आशिक' था और उर्दू के शिक्षक प्रसिद्ध शायर हजरत शम्सउद्दीन 'फ़ैज़' थे। 'बाख़ी' अपने दोनों शिक्षकों का बहुत आदर करते थे। राजा गिरधारी प्रसाद विभिन्न प्रतिभाओं के धनी थे। वे प्रतिभाशाली, परोपकारी होने के साथ-साथ व्यावसायिक, पंडित, कवि तथा अच्छे

दार्शनिक थे, जिन्होंने विभिन्न क्षेत्रों में अपनी ऊर्जा को आजीवन लगाये रखा। राजा गिरधारी प्रसाद को निजाम-VI ने 'राज बहादुर' एवं 'महबूब नवाज़वंत' की उपाधि से सम्मानित किया।

राजा गिरधारी प्रसाद एक अच्छे साहित्यकार विशेष कर कवि थे, जिन्होंने फ़ारसी भाषा में अति उत्तम काव्यों की रचना की। ये केवल कालजयी रचनाकार ही नहीं थे, बल्कि सच्चे अर्थों में एक साहित्य शास्त्री भी थे, जो निजाम एवं सालार जंग के लिए फ़ारसी भाषा में भाषण लिखा करते थे। वे सुंदर अक्षरों में तेजी से लिखते थे अर्थात् 'जुदनवीस' थे। और वे कालनिर्णय विद्‌या के भी पारंगत थे।

दाग़ देहलवी जैसे अन्य प्रसिद्ध कवि राजा गिरधारी प्रसाद के द्वारा निज़ाम के सम्मुख उपस्थित हुए।

उन्होंने फ़ारसी भाषा मे बहुत सी रचनाएँ कीं। उनकी लिखी हिंदी, उर्दू एवं फ़ारसी भाषा में बहुत-सी पुस्तकें हैं। उन्हें अरबी एवं संस्कृत भाषा पर समान रूप से अधिकार था। उन्होंने कुल 32 किताबें लिखीं, जिनमें से 23 फ़ारसी भाषा में हैं। फ़ारसी में लिखे 20 काव्य-संग्रह हैं और 3 गद्य-पुस्तकें हैं तथा शेष पुस्तकें हिंदी एवं उर्दू में हैं। उनकी प्रसिद्ध पुस्तकों में कुछ निम्न हैं 'रूबाइयात-ए-बा-बर्कात' (1892)। इसमें बाखी ने अल्लाह के 99 नामों का उल्लेख किया है। इन रूबाइयों को पढ़ने से सिद्ध होता है कि बाख़ी गहनता पूर्वक सूफी विचारों से प्रभावित थे। 'भागवत शरीफ (1889) भागवत का अनुवाद है, जो हिन्दुओं का पवित्र ग्रंथ है। ये दोनों ग्रंथ फ़ारसी भाषा में हैं। बाख़ी ने फ़ारसी काव्य की लगभग सभी विधाओं में रचना की है । जैसे हम्द, नात, सलाम, ग़ज़ल, क़सीदा, मसनवी, रुबाई आदि। उनके सभी कार्य उनकी पवित्र भावनाओं से परिपूर्ण हैं। 'भगवतसार' (1890) की रचना कर बाख़ी ने अत्यंत कठिन कार्य को भी अत्यंत सरल बना दिया।

भागवत हिन्दुओं का पवित्र ग्रंथ है, जो कई स्कंधों में विभक्त है, किंतु बाख़ी ने इसे लघु रूप में प्रकाशित किया। इस ग्रंथ को उन्होंने 1890 में केवल दस पृष्ठों में समाहित किया। 'बखा-ए-बाखी' (1890) बाख़ी का दीवान है, जिसमें इनकी उर्दू ग़ज़लों का संग्रह है। 'दर्द-ए-बाख़ी-व-दुर्द-ए-साख़ी' 'ख्वाजा मीर दर्द' की फ़ारसी रूबाइयात का उर्दू रूपांतरण है। ये बाख़ी की कुछ उर्दू पुस्तकें है। बाख़ी के कुछ हिंदी ग्रंथों में हैं - 'केशव पुराण', जिसे 1884 में प्रकाशित किया गया। इसमें बाख़ी ने केशव की महानता एवं सुंदरता का वर्णन किया है। एक अन्य ग्रंथ है - 'शंभु पुराण', किंतु इस ग्रंथ की विस्तृत जानकारी उपलब्ध नहीं है। गिरधारी प्रसाद के कार्यों को देखते हुए, सिद्ध होता है कि उनके विचार पवित्र थे। वो निर्भय एवं ओजस्वी रचनाकार तथा साहित्य अनुरागी एवं विशुद्ध भाषी थे।

इस कलमकार द्वारा विभिन्न अवसरों पर लिखे शालीनता से परिपूर्ण फ़ारसी भाषा के भाषणों से सर सालार जंग-I बहुत प्रभावित थे। सर सालार जंग-1, जो इस्लाम शासन का झण्डाबरदार था, सभी कार्यालयों की गतिविधियों के लिए फ़ारसी भाषा का उपयोग करने का फरमान जारी किया, इसका क्रियान्वयन सन् 1884 तक था। इस बात से इंकार नहीं किया जा सकता कि रायल पैलेस में आयोजित मुख्य समारोहों के एक मात्र गवाह राजा गिरधारी प्रसाद थे। उस दौर में सामाजिक एवं ऐतिहासिक विकास भी इन्हीं की निगरानी में हुआ करता था। उनकी दैनिक डायरी में रायल पैलेस एवं हैदराबाद की मुख्य एवं ऐतिहासिक घटनाएँ फ़ारसी भाषा में लिपिबद्ध हैं। अतः यह डायरी तत्कालीन हैदराबाद समाज एवं लोगों के जीवन की विस्तृत जानकारी प्राप्त करने का एक साधन भी है।

राजा गिरधारी प्रसाद पक्के हिन्दू और धार्मिक साहिष्णुतावादी थे। बाख़ी साम्प्रदायिक समन्वयवादी एवं सहनशील स्वभाव के थे। इसलिए

हिन्दू एवं मुसलमानों के धार्मिक स्थलों जैसे मंदिर एवं मस्जिदों के प्रति अपार श्रद्धा रखते थे। उनके मन में जितनी सूफी-संतों के प्रति श्रद्धा थी, उतना ही हिन्दूओं और मुसलमानों के पंडितों एवँ मौलवियों के प्रति आदर था।

राजा गिरधारी प्रसाद लोकोपकारी थे। उन्होंने हैदराबाद के समीपवर्ती क्षेत्रों में कई भव्य मंदिरों का निर्माण करवाया। इसके अतिरिक्त वो सहृदयी, अहिंसावादी एवं करुणामयी व्यक्तित्व के धनी थे। उन्होंने स्वयं के खर्चे पर कई लोगों के विवाह एवं धार्मिक कृत्य भी करवाये। समाज-सेवा उनके दैनिक जीवन का महत्वपूर्ण कार्य था।

राजा गिरधारी प्रसाद ने 1852 से 1896 तक लगभग संपूर्ण भारत की यात्रा की। जिसका विस्तृत एवं व्यापक उल्लेख फ़ारसी भाषा में है। उनकी इस डायरी में उनकी भ्रमण यात्रा सूचिबद्ध है। उन्होंने जितने भी स्थलों की यात्रा की, उसका ऐतिहासिक आधार उपलब्ध है। उसमें तत्कालीन लोगों का सामाजिक एवं व्यावसायिक जीवन, वेशभूषा एवं परंपरा, कला एवं संस्कृति आदि का वर्णन है। वे अद्भुत लेखक थे और उनकी कलम में रहस्यमय शक्ति थी। जब भी निजाम-VI, हैदराबाद और उसके सीमावर्ती क्षेत्रों में भ्रमण के लिए निकलते तो गिरधारी प्रसाद भी उनके साथ हो लेते थे।

इन्होंने हैदराबाद के परिसर प्रांतों में अनेक उद्योगों की स्थापना की थी। इनके शस्त्र एवं हथियारों के उद्योग ब्रिटिश राज के लिए एक चुनौती थे। इसलिये इन उद्योगों पर प्रतिबंध लगाया गया। इन्होंने कागज़, कपड़ा और बारूद के उद्योग भी स्थापित किये थे।

राजा गिरधारी प्रसाद ने अपना जीवन परोपकार तथा धर्मनिष्ठापूर्वक गुजारा और 24 जुलाई, 1896 में इस संसार को अलविदा

कह दिया। आज लगभग एक सदी गुजर जाने के पश्चात भी हैदराबादियों के बीच बहुत ही आदर एवं स्नेह के साथ उनका नाम लिया जाता है।

बंसी राजा के परिवार के परवर्ती व्यक्ति भी स्थापित लेखक एवं कवि थे। बंसी राजा के पुत्र राजा नरसिंग राज ने पाँच पुस्तकें और कुछ विख्यात कविताओं की रचना की थी। उन्होंने कई भजन लिखे, जो प्रकाशित नहीं किये गये। उन्होंने अपनी रचनाएँ उर्दू, हिंदी एवं फ़ारसी भाषा में लिखीं। उनका दीवान प्रकाशित किया गया।

बंसी राजा के पौत्र राय नरहर राज भी हिंदी एवं उर्दू के स्थापित लेखक तथा कवि थे। उन्होंने भी हिंदी में कई भजनों की रचना की। उनका गजलों का दीवान प्रकाशित किया गया।

गिरधारी प्रसाद के प्रपौत्र डॉ. भास्कर राज सक्सेना हिंदी, उर्दू एवं अंग्रेजी भाषाओं में अपनी रचनाएँ लिखा करते थे। उनकी कई पुस्तकें प्रकाशित की गईं।

डॉ. शीला राज, जो इस परिवार की प्रपौत्र वधू थीं, स्थापित इतिहास विशेषज्ञ थीं। उन्होंने कई पुस्तकें उर्दू एवं अंग्रेजी में लिखीं। उन्होंने 1996 में 'पोर्टरेट ऑफ एन एरा' शीर्षक से राजा गिरधारी प्रसाद की जीवनी लिखी। यह पुस्तक सर्वप्रथम 'मिनर्वा प्रेस, लंदन' द्वारा प्रकाशित की गई और हाल ही में इस पुस्तक का तीसरा संस्करण भारत में प्रकाशित किया गया।

बंसी राजा के वंशजों ने यह बात प्रमाणित कर दी है कि कायस्थों की कलम की धार तलवार की धार से भी ज्यादा तेज होती है। इस परिवार की सात पीढ़ियों ने स्थापित रचनाकारों की श्रेणी में अपना नाम दर्ज कराया है। वह भी छह भाषाओं हिंदी, उर्दू, फ़ारसी, अंग्रेजी, अवधि एवं ब्रज भाषा में अपने विचारों एवं भावों को व्यक्त करके।

हम गर्व के साथ कह सकते हैं कि वर्तमान में इस परिवार के समानान्तर अन्य कोई परिवार नहीं है।

राजा गिरधारी प्रसाद बाख़ी ने संवत् 1947 (सन् 1890) में शिवपुराण काव्य की रचना अवधी भाषा में की। यह हस्तलिखित ग्रंथ के रूप में 125 वर्षों से अप्रकाशित थी। यह पद्य में फ़ारसी लिपि में लिखी हुई थी। यह अमूल्य पांडु लिपि मेरे हाथों में आजतक सुरक्षित रही।

मेरी ख्वाहिश थी कि राजा गिरधारी प्रसाद का 'शिवपुराण', जो हस्तलिखित है, उसे हिंदी पाठकों के लाभ के लिए देवनागरी लिपि में प्रकाशित किया जाए। मुझे एक विद्वान की आवश्यकता थी, जो इस कार्य को यथायोग्य क्षमता के साथ पूर्ण कर सके। यह कार्य बहुत कठिन एवं महत्वपूर्ण रहा, क्योंकि इसमें तीन प्रकार की दिक्कतें थीं - एक, ये फ़ारसी लिपि में है। दूसरा, काव्य रूप में है और तीसरा इसकी भाषा अवधि एवं ब्रज मिश्रित है। किंतु प्रभु-कृपा से मुझे इस बात की खुशी है कि मैं इस महत्वपूर्ण कार्य को करने में सफल सिद्ध हुआ हूँ।

इसके लिए मैं डॉ. जियाउद्दीन अहमद शकेब साहब का शुक्रिया अदा करता हूँ, जिन्होंने मुझे इस कार्य के लिये डॉ. शेख़ अब्दुल ग़नी से परिचय करवाया, जो संस्कृत तथा हिंदी के विद्वान हैं। उन्होंने विभिन्न भाषाओं की पुस्तकों का हिंदी में अनुवाद किया।

डॉ. शेख़ अब्दुल ग़नी ने ही 'शिवपुराण' का उर्दू से हिंदी देवनागरी में संपादन एवं लिप्यंतरण कर मेरी चिंता का शमन किया। इस पुनीत कार्य में उनकी भूमिका महत्वपूर्ण है। मै डॉ. शेख़ अब्दुल ग़नी के प्रति सस्नेह आभार व्यक्त करता हूँ क्योंकि डॉ. शेख़ अब्दुल ग़नी इस कार्य के मुख्य पात्र हैं।

डॉ. नारायण राज

हैदराबाद (तेलंगाना) (बंसी राजा के प्रपौत्र)

आमुख

भारतीय साहित्य में पुराणों का महत्वपूर्ण स्थान है। पुराण भारतीय संस्कृति के प्रणाधार माने जाते हैं। इस समय प्राप्त होने वाले पुराणों की संख्या 18 है। यथा - ब्रह्माण्ड, ब्रह्म वैवर्त, मार्कण्डेय, भविष्य, वामन, ब्रह्म, विष्णु, नारद, भागवत, गरुड़, पद्म, वराह, मत्स्य, कूर्म, लिङ्ग, वायु, स्कन्द तथा अग्नि पुराण। यह सूची स्वयं पुराणों मे दी गई है।

मद्वयं भद्वयं चैव ब्रत्रयं वचतुष्टयम्।

अनापलिंगकूस्कानि, पुराणानि प्रचक्षते।।

कुछ सूचियों में 'वायु पुराण' के स्थान पर 'शिवपुराण' नाम मिलता है। भारतीय परंपरा के अनुसार पुराणों का प्रतिपाद्य विषय है -

सर्गश्च प्रतिसर्गश्च वंशो मन्वन्तराणि च।

वंशानुचरितं चैव पुराणं पञ्चलक्षणम्।। (विष्णु पुराण 3-3-24)

अर्थात् (1) **सर्ग**-सृष्टि उत्पत्ति का वर्णन, (2) **प्रतिसर्ग** - प्रलय एवं सृष्टि का पुनःप्रादुर्भाव, (3) **वंश** - देवों और ऋषियों की वंशावली, (4) **मन्वन्तर** - प्रत्येक मनु का काल और उस समय की प्रमुख घटनाएँ, (5) **वंशानुचरित** - सूर्य और चंद्रवंशी राजाओं का जीवन चरित।

ऐतिहासिक तथा धार्मिक दृष्टि से पुराणों का महत्व बहुत अधिक है। पुराण भारतीय इतिहास, सभ्यता, एवं संस्कृति के विश्वकोश हैं। उनमें दी गई वंशवलियां प्राचीन भारतवर्ष के राजनैतिक इतिहास के लिए विपुल सामग्री प्रस्तुत करती हैं।

शिवपुराण में लगभग 24 हज़ार श्लोक हैं। इसमें सृष्टयादि विषयों के अतिरिक्त कितने ही अन्य आख्यान भी हैं, किंतु उद्देश्य इन सबका शिव की संस्तुति है, फिर भी इसमें दो अध्याय विष्णु परक हैं। पितरों और श्राद्ध का वर्णन भी है। संगीतशास्त्र पर भी एक अध्याय है।

कालांतर में अनेक देशी और विदेशी भाषाओं में पुराणों के अनुवाद हुए। उर्दू भाषा में भी लगभग सभी पुराणों के अनुवाद हुए हैं। शिवपुराण के चार उर्दू अनुवाद उपलब्ध हैं। एक अनुवाद शंकर दयाल फरहत का है जो नवल किशोर प्रेस लखनऊ से प्रकाशित हुआ था। दूसरा सेवासिंह ने किया जो 1910 ई. में नवल किशोर प्रेस लखनऊ से प्रकाशित हुआ। तीसरा अनुवाद गणेशदास ने किया जो 1936 में गोजरानवाला से प्रकाशित हुआ था। शिव महापुराण का कारतेराम शर्मा ने भी अनुवाद किया जो हिंद पुस्तक भंडार, दिल्ली से प्रकाशित हुआ।

राजा गिरधारी प्रसाद बाक़ी कृत शिवपुराण :-

राजा गिरधारी प्रसाद बाक़ी (1828-1896) ने अवधी भाषा में शिवपुराण काव्य की रचना की है, जो चौपाई दोहा शैली में है। 'रामचरितमानस' की शैली भी इसी प्रकार की है। यह पुराण हस्तलिखित फारसी लिपि में है। मंगलाचरण के बाद 'बाक़ी' ने शिवपुराण के लेखन का कारण बतलाया कि भाषा में शिवलीला नहीं दिखाई दी इसलिए भाका (अवधी) में लिख रहा हूँ। शिव कृपा के कारण मुझे उर्दू में शंकर दयाल द्वारा अनुदित शिवपुराण प्राप्त हुआ, जिस के आधार पर मैंने शिवपुराण की रचना की है।

रामायण जो बाल्मीक किए - बिरच्ची ब्यास भागवत नीके।
सबब बिष्णु ही महामन देने - गीर्वाण सों भाखा कीने
शिवलीला भाषा नहीं देखा - यह कारण भाखा में लेखा।
शिवहि कब तन अबला कहापाया - क्या डिठाई हरगुण गाया।
सिद्धेश्वर जी की सुत गणे - गुरु गणेश प्रशाद हैं मने।
इन सम शिव अर्चक नहीं दूजा - जो नहीं समझा उनसी पूजा।
बहु उपकार अब कृपा कीने - सब अशुद्ध को शुद्धि कर देनी

उर्दू शिव शंकर दयाल के - शिवपुराण देखा हो चाल के
अभीराई सब मिलगयो सहज पुराण प्रमाण
अनुभाग यूँ बन गया भाका शिव पुराण।। 4

बाक़ी ने पुराण के आरंभ में अपने आश्रयदाता महबूबअली खां की प्रशंसा की और अंत में इस साम्राज्य की परिपुष्टि की भी कामना की है। और अपने पिता नरहरि प्रसाद की प्रशंसा की है जो प्रकांड पंडित थे।

नरहरि के प्रसाद पहचानो - मम मूरख के पितातहि मानो
आसिफ़ के सरकार के चाकर - ज्ञानवान बिद्या के सागर
जिनकी जोग मांहि इह निष्ठा - भाका किए जोग शुस्ता
स्वामी प्रसाद पितामह मेरी - सुख बसेनि कायस्त दूसरी
मैं यहि काम काज बहु पाया - सब पर निज की वस्तु कमाया।
महबूब अली शाह दकन के - जो मालिक हैं सगरी जिनके।
सर्व जग में मान बढ़ाए - राजा कही अमारी चढ़ाए।
नौबत और निगारा देने - मंगल काज चाकरी लेने।
सब अच्छा पूरन है बाक़ी नहीं कछू आस।
बस शिभू महाराज अब समझों अपनो दास - 5

मांगत यहि है निस दिवस गिरधारी प्रसाद
आसफ़ के सरकार यह सदा रही आबाद - 148

पांडुलिपि की विशेषताएँ :- फ़ारसी लिपि में लिखित 'शिवपुराण' की प्रति का आकार 8"x7" है। यह 150 पृष्ठों में है प्रत्येक पृष्ठ पर चार चौपाई और एक दोहा लिखा गया है। यह प्रति डॉ.नारायणराज जी के पास सुरक्षित है। इस प्रति का रचना काल 1890 ई. है। इस प्रति के आधार पर शिवपुराण को देवनागरी लिपि में प्रस्तुत किया जा रहा है।

यह फारसी लिपि में है किंतु इसकी भाषा अवधी है, साथ ही

साथ भोजपुरी एवं ब्रज की शब्दावली का भी प्रयोग हुआ है। विषय की दृष्टि से सृष्टि उत्पत्ति, शिव की महिमा और शिव भक्ति का वर्णन किया गया है। इससे पता चलता है कि गिरधारी प्रसाद शिव भक्त थे।

चूंकि यह हस्तलिखित प्रति फ़ारसी लिपि में है। इसमें वर्तनी की कई अनियमितताएँ दिखाई देती हैं। क्योंकि 1890 तक उर्दू वर्तनी का मानक रूप निर्धारित नहीं हुआ था। इस प्रति में नून और नून-ए-गुन्ना के लिए केवल नून का प्रयोग दिखाई देता है। 'ई' ध्वनि के लिए इ, ए का प्रयोग हुआ है। कहीं-कहीं दो चश्मी हे की जगह हे का प्रयोग और हे की जगह दो चश्मी हे का प्रयोग हुआ है। उच्चारण निर्धारण में कई कठिनाइयाँ हैं जैसे देवनागरी के क्ष के लिए उर्दू में समांतर ध्वनि नहीं है। जो भी हो भाषा की दृष्टि से यह एक विलक्षण कृति है। भारत की विविधता और बहुभाषिकता का यह सुंदर उदाहरण है। शिव भक्तों के लिए यह एक अनुपम कृति है जिसका रागात्मक पारायण भी किया जा सकता है, जिससे पाठक एवं श्रोता अवश्य भाव-विभोर हो सकते हैं। इस पांडुलिपि के कुछ पृष्ठों में कुछ वाक्य नष्ट हुए हैं जिनको.... से दर्शाया गया है।

मैं डॉ.नारायण राज जी को आभार प्रकट करता हूँ। उन्होंने मुझे इस कार्य के योग्य समझा और इस दायित्व को सौंपा। इन्होंने इस पांडुलिपि को अपने पास सुरक्षित रखा और आज उसको देवनागरी लिपि में प्रकाशित करवाने का महत्वपूर्ण कार्य किया है। इसके लिए वे बधाई के पात्र हैं।

मैं डॉ.ज़ियाओद्दीन शकेब साहब का आभारी हूँ उन्होंने मुझे इस कार्य के लिए प्रेरित किया। मेरे परममित्र डॉ.राजीव कुमार सिंह का आभारी हूँ जिन्होंने इस कार्य में मेरी सहायता की है। आशा करता हूँ कि यह कृति भारतीय भक्ति साहित्य में अपना स्थान प्राप्त करेगी।

भुवनगिरी (तेलंगाना) **डॉ. शेख़ अब्दुल ग़नी**

विषय सूची

1. मंगलाचरण 24
2. शिव पुराण का करनी कारण 27
3. शिवपुराण के कबित के पिता, परपिता किए नावन-ठावन 28
4. आरंभ पुराण 29
5. ब्रह्मा बिश्न महेस का अवतार धरना और सकल सृष्टि का उत्पत करना। 30
6. महारानी श्री गौरी जी के सती होने की कथा और बीरभद्र का उत्पत होना 41
7. तारक असुर की कथा 46
8. कामदेव का महादेवजी से छल करना और तृतीय नेत्र से जरना 48
9. श्री गौरी जी की परीक्षा। 51
10. श्री गौरी जी की ब्याह के अग्या के कारण। 55
11. शदानन का उत्पत होना और तारकासुर को मारना 58
12. तारकासुर के पुत्रेतर का तपशा करना ब्रह्मा जी से बरलेना 65
13. ब्रह्माजी का श्रीबिष्णजी से देवहित उपदेश लेना 75
14. ऋषियन का सूतजी सी पार्थो पूजा के बुद्धि और उसका सिल पूजना। 80
15. हिना और कतिस्गे के फूलों का दोषी होना और इसकी कथा 82
16. गौरी जी का श्री गणपतजी का उत्पत करना। 87
17. श्री गणपतजी का ब्याह होना, कार्तिक स्वामी का परिक्रमा को जाना 93
18. पार्थपूजा और रुद्राक्ष के महात्म की कथा। 97
19. सुबादा की कथा, नरबदाजी का महात्म, नद कस लिंग का बर्नन... 99
20. उतरी श्रीलिंग का बर्णन। 103
21. महादेवजी की लिंग का गिरना और मृत्युलोक में पूजना। 105
22. शक्र जी की कथा। 109
23. सोमनाथ ईस्वर के कथा मल्लिकार्जुन का वर्णन। 111
24. महाकलेशर का बर्णन। 113
25. ओंकार नाथ की कथा। 115
26. केदारनाथ को बर्णन। 116
27. भीमईश्वर की कथा। 117
28. कासी जी की महिमा और बलेशर और बसवेश्वर की कथा। 120
29. गौतम रिखि....... 127
30. बंदनातीशर की कथा। 133
31. दारक असुर की कथा और 136
32. नरसिंग अवतार की कथा। 143
33. राजा बल की कथा। 149
34. कृष्ण जी का महादेव 158
35. शिवरात्रि के ब्रत का बरनन। 161
36. चौदस के ब्रत.... 162
37. सूतजी का रिशियन से महादेवजी के पूजा का महात्म बर्णन 168

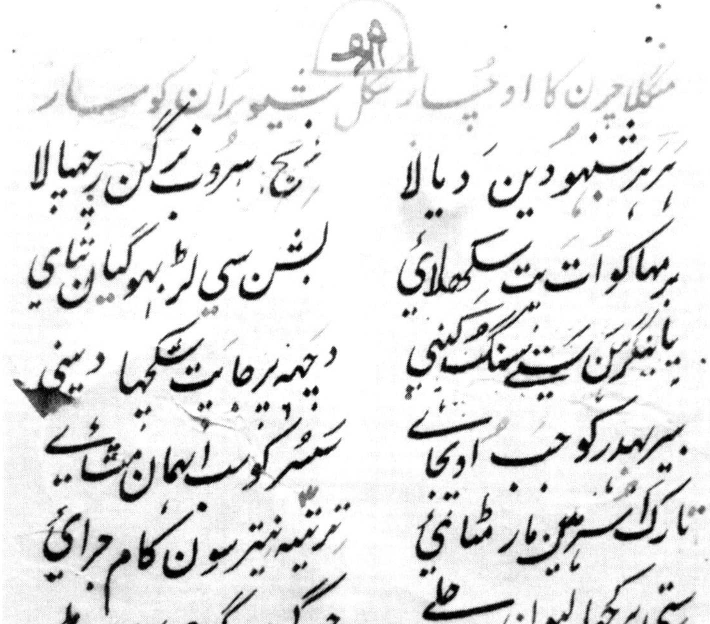

शिवपुराण की पांडुलिपि का प्रथम पृष्ठ

श्री

मंगलाचरण का उच्च सार सकल शिवपुराण को सार।

हर हर शंभो दीन दयाला।
निज सरूप निर्गुण रच पाला।।
ब्रह्मा को उत्पत सिखलाई।
बिष्न से लड़ बहुग्यान बताई।।

पाणिग्रहन सती संग कीनी।
दक्ष प्रजापत शिक्षा दीनी।।
बीरभद्र को जब उपजाए।
ससुर को सब उल्हमान मिटाए।।

तारक असुरहि मार मिटाई।
त्रितिय नेत्र सों काम जराई।।
सती परीक्षा लेवन चलिए।
जोगी बन गौरी सें मिलिए।।

फिर गौरी संग ब्याह रचाए।
हिमांचल को मान बढ़ाए।।
और श्री गनपत जी सों लड़ी।
गज को सर वाके तन पर धरी।।

श्री गनपत को ब्याह कर राखी अपने पास।
कार्तिक परिक्रमा गई फिरि न हुई निरास।।

उतरी रिशितीया के कारण।
गौरी गंगा भइ जग तारन।।
तहाँ उतरी श्रुनाम धराए।
सगरी जग को पाप दुराए।।

ऋषिन पक्ष कर अंधक मारे।
अंधकेश्वर लोक पुकारे।।
चंदर जो पूजा कर सुख पाए।
सोमनाथ जब नाम कहाए।।

अग्निपुत्र संग जब जा रही।
मल्लिकार्जुन तब से बही।।
बहुते राछन को जो मारे।
नाम महाकालेशर धारे।।

बिंदाचल से पूजा लीनी।
ओंकार बिधान प्रभु कीनी।।
बिस्नु भीत भई केदारा।
पूजत ही जाको संसारा।।

कुंभ करन सुत हेम को मारी ऐनी प्रान।
तब सुनि हम ईश्वर बहू प्रभु को नाम बखान।।

श्री कासी को आप बनाए।
　　　　तहाँ बसबवेशर कहलाए।।
गौतम रिखि पर कृपा किए।
　　　　अंबक नाथ नाम तहाँ आए।।

बंदनाथीशर और ना गया।
　　　　रावण कारण भइ जगदीसा।।
राम चंदर लंका जब चढ़ी।
　　　　राम ईश्वर पूजन कर बढ़ी।।

पुत्र दी ब्रह्मण पत्नी को।
　　　　तप दसमेस लिंग भइ नीको।।
पांडु बनकी रक्षा कीनी।
　　　　अर्जुन से लर फिर बर दीनी।।

जब श्री किश्न को दरस दिखाए।
　　　　महाबलेशर नाम धराए।।
हरिपूजा कैलास में किए।
　　　　हरखी चक्र सो दर्शन दिए।।

गिरधारी प्रसाद की, क्या बुद्धि क्या ग्यान।
कहाँ ये मूर्ख मंदमत कहाँ ये शिव को पुराण।।

शिव पुराण का करनी कारण।

रामायण जो बाल्मीक के।
बिरची ब्यास भागवत नीके।।
सबब विष्णु ही महामन दीने।
गीर्वाण सों भाखा कीने।।

शिवलीला भाषा नहीं देखा।
यह कारण भाखा में लेखा।।
शिव भक्तन अबला कहा पाया।
क्या डिठाई हरगुण गाया।।

सिद्धेश्वर जी की सत गुणे।
गुरु गणेश प्रसाद हैं मुने।।
इन सम शिवअर्चक नहिं दूजा।
जो नहिं समझा उनसी पूजा।।

बहु उपकार अव कृपा कीनी।
सब अशुद्ध को शुद्धि कर देनी।।
उर्दू शिव शंकर दयाल के।
शिवपुराण देखा हो चाल के।।

अभीराई सब मिल गयो, सहज पुराण प्रमाण।
अनुभाग यूँ बन गया, भाका शिव पुराण।।

इस शिवपुराण के कबित के पिता और परपिता के नावन और ठावन

नरहरि के प्रसाद पहचानो।
मम मूरख के पितातहि मानो।।
आसिफ के सरकार के चाकर।
ज्ञानवान बिद्या के सागर।।

जिनकी जोग मांहि हइ निष्ठा।
भाका किए जोग बाशुश्ता।।
स्वामी प्रसाद पितामह मेरी।
सुख बसेनि कायस्त दूसरी।।

मैं यहि काम काज बहु पाया।
सब पर निज की वस्तु कमाया।।
महबूब अली शाह दकन के।
जो मालिक हैं सगरी जन के।।

सर्व जग में मान बढ़ाए।
राजा कही अमारी चढ़ाए।।
नौबत और नगारा देने।
मंगल काज चाकरी लेने।।

सब इच्छा पूरन है बाक़ी नहीं कछु आस।
बस शिभु महराज अब समझें अपनो दास।।

सुनो नियम सारन की माहीं।
बैठी थी सब रिखि इक ठाहीं।।
बहुत सूत को आदर दिए।
कर जोरी और बिनती किए।।

सब मिल कही हमें शिवजी के।
सुंदर कथा सुनाव नीके।।
महादेव जोगन के राजा।
जो देवन के हैं सरताजा।।

कैसी उत्पत हैं वो पाए।
क्या-क्या पराक्रम दिखराए।।
करो बोद हमको कृपाकर।
तुम हो कथा प्रान के सागर।।

तुम बिन कौन ज्ञान बतलावे।
तुम बिन कौन कथा समझावे।।
हम पर यह उपकार करीजै।
यही दान मांगत हैं दीजै।।

कही सूत हम कहत हैं, सुनियो चित लगाई।
महादेव जी के कथा सुखदाइ समझाई।।

ब्रह्मा बिश्न महेस का अवतार धरना और सकल सृष्टि का उत्पत करना।

एक दिन नारद मुनि सुखदाता।
ब्रह्मा सी पूछी ये बाता।।
के बुध जग प्रगटोही सारो।
कैसी बिश्न जगत बै धारो।।

महादेव के कथा सुनाओ।
उत्पत को सब भेद बताओ।।
श्री ब्रह्मा बोली अब सुनी।
पहली जग में कछु न गुनी।।

निर्गुण सगुण के अग्या दीनो।
प्रथम पुरुष स्त्री दुइ कीनो।।
नारायण नारायणि जानो।
पहले यही प्रघटी पहचानो।।

चकित रही दोऊ अचरज में।
कौन हमें प्रघटायो जग में।।
जब अकास से आई बाने।
करो तपशा दोऊ सुखदाने।।

वायु जल और पृथवी अग्नि और आकास।
नारायण के रूप से जगत में यहि प्रकास।।

सत्वगुण रजोगुण तमोगुण जानो।
नारायणी सों ऊँची मानो।।

अहंकार निर्गुण से भयो।
नारद से ब्रह्मा यूँ कहियो।।

कँवल नाभि में जब दिखरायो।
मोको वाहि में उपजायो।।

नाल कँवल सत बरस हर माया।
मैं वाको कछु अंत न पाया।।

फिर सत बरस हर माया बनाए।
तब अकास से बानी आए।।

करो तपशा मत भरमाओ।
निश्चिंता जग को प्रगटाओ।।

हमें तपशा जब मन भाए।
तब नारायणी बिष्णु जाए।।

तुजवान सुंदर अति प्यारो।
जासों बेव जगत उजियारो।।

चार भुजा न्यारी लिखेन सो बहा बरने न जाइ।
सुख चक्रपदम और गुब्ज़ा चारों हस्त सोहाइ।।

जब हम कहि बिष्णु महराजा।
तुम धाई हम ढक के काजा।।
हमरी स्थल क्यों पग धारे।
हमरो क्यों एकांत बिकारे।।

बिष्नु कहि करो मेरी पूजा।
मम सम कोइ नहीं हइ दूजा।।
मैं हूँ सब सुनको रह पाला।
मेरो ही आकास पाताला।।

हम कहि तुम समान हम हो मैं।
अधिक नहीं तुम जो हम पूजैं।।
हम इनको आदर नहिं दीनी।
हम संग बहुत लराइ कीनी।।

जुद्ध ब्रुद और दुंध मचाए।
गुप्त भइ फिर दरस आए।।
कूट भान को तुज लखायो।
ये कछु भेद नहीं दरसायो।।

बिष्णु भई बाराह और पृथवी तेरी समाय।
हंस रूप भीम हो धरी धूंदि लहर लहयाय।।

एक सहस्त्र बरस भरमाए।

छौंदस धूँदी खोज न पाए।।

फिर सत बरस तपशा कीनी।

ध्यान लगाई समाधि लीनी।।

तब श्री शंकर सन्मुख आई।

तुज मुखारबिंद दरसाई।।

दस भज जिनके सरस सोहाने।

जिनकी महिमा को अद न जाने।।

कही मम उदपरख हों जानो।

मोही गुप्त प्रगट पहचानो।।

कही हमन तुम जग प्रगटाओ।

बर्न बनाओ सृष्टि रचाओ।।

बिष्णु जगत को पालन करिहैं।

सबकी रक्षा मन मों धरिहैं।।

नासकरण हरी सब हम हैं।

हमरी दास दूत और जम हैं।।

तीन शक्तियाँ होएँगे तेजवान प्रचंड।

जिनसें अनंद पाई गणसप्त दीप नौ खंड।।

श्री लक्ष्मी हूँ बिष्ण की संगी।
सावित्री तुम्हरी अर्धंगी।।
श्री गौरी हमरी मन भावें।
वो हमरी संग ब्याह रचावें।।

बिष्ण कहे हमरी सुन लीजे।
फिर कृपा कर दर्शन दीजे।।
महादेव ये सुन हरखाए।
पंचाक्षरी मंत्र बताए।।

गायत्री सगरी समझाई।
मृत्युंजई को भेद सिखाई।।
दीक्षा मूरत जप सब कहे।
ज्ञान दी बहु जो जो चहे।।

पुनि उपदेश बिष्ण को दीने।
हुई प्रशन इति कृपा कीने।।
गुप्त भइ फिरआद गोसाई।
पुनि दृष्टि में आइ न छाई।।

जो जो ब्रह्माने कही, नारद को समझाय।
सो सो रिशियन राज को सूत पुराण सुनाय।।

श्री बिष्ण अग्या पर माने।
जब शिव के उपदेश को माने।।
शिवजी फिर दर्शन उन दीने।
हुई आनंद बार्ता कीने।।

हम तीनों हैं एक ही जानो।
एक ही पंडितैन को मानो।।
ब्रह्मा समझो दाहें बाहू।
बिष्णु जान लो बाहें बाहू।।

मदमाहीं हम और दरसाए।
ब्रह्मा बिष्णु माया जाए।।
हम माया सों दूर रहत हैं।
अपनो प्राण तुम्हें समझत हैं।।

ब्रह्मा की ललाट सों धावन।
रुद्र नाम धर प्रगट लिखावन।।
हम चारों पर बल कहलावें।
पराक्रम में सम दरसावें।।

ब्रह्मा उत्पत करें सब बरन बनावें चार।
ब्रह्मन छत्री बैस अव शूद्र करें यो हार।।

आश्रम चार बनावें नीके।
उनको धर्म बतावें जीके।।
ब्रह्मचर्य आश्रम पहलोई।
द्वितीय गृहस्त आश्रम सोई।।

तीजो बानप्रस्त कहावे।
चौथो सन्यासि मन भावे।।
सदा लिंग के पूजा करी।
श्रद्धा सों निश्चै मन धरी।।

कनक को लिंग बनावे नीको।
मोती को गोबर माटीको।।
यह बुध ज्ञान बिष्ण को दीने।
परम कृपा उनपर प्रभु कीने।।

और जो कछु अच्छा हो कहो।
हम देवत हैं जो तुम चहो।।
हमें जो मानी तुमको माने।
हम तुम में कछु भेद न जाने।।

हमरी तुम्हरी मांह जो भेद रखी अज्ञान।
संदेह पुजारी वाको पशु समान।।

फिर शंकर बिष्णु सी कहे।
तुम सरगुन हम निर्गुण रहे।।
तुम जग में राखो अवतारा।
तुमसे सुख पावे संसारा।।

हम हवन रौद्र हवि करावें।
अपनो दरस तुम्हें दिखरावें।।
हमें तुम्हें सब सभत निहारें।
एक प्राण दो देह बिचारें।।

हमरो भक्त हो भक्त तुम्हारो।
तुम्हरो शत्रु शत्रु हमारो।।
भेद भांत के मर्म बिचारे।
फिर शंकर कैलास सिधारे।।

ओ बिष्णु ब्रह्मा से कहे।
हम पर तुम्हरे कृपा रहे।।
अब कछु नाहीं सोच बिचारा।
उत्पत करो सकल संसारा।।

कल्प के जप अग्या दी सत बरस ईश दें।
तब ब्रह्मा आनंद हुई दो कर में जल लें।।

वह सब जल जब कर में ढालो।
एक अंड भारी दरसायो।।
तत्व तहाँ चौबीस उपजाई।
भान व चंदर अकास बनाई।।

जड़ समान चेतन नहीं है।
जैसी उपजि तैसी ही रहै।।
ब्रह्मा अति चिंता में परै।
द्वादस बरस तपशा करै।।

हुई प्रशन बिष्णु फिर धाए।
ब्रह्मा को दरशन दिखराए।।
हुई दयाल के मर्द बाने।
हम सब तुम्हरी चिंता जाने।।

जो अबला कहाइ कह दीजे।
हम सों जो चाहत हो लीजे।।
काही सोच करत हो भारे।
पूरन हो के मनासारे।।

ब्रह्मा कहि ब्रह्मांड सब ही निर्जीव समान।
इनको जतन कीजिहैं विष्णु भगवान।।

तब श्री बिष्णु दया के सागर।
जीवभरी सब में कृपाकर।।
ब्रह्मा को बहु आनंद भयो।
निश्चित हुए तब लोक हि गयो।।

और बिष्णु सतलोक सिधारे।
सकरी बिगरी काज सुधारे।।
चार पुत्र ब्रह्मा जो जाए।
वह सब संकादिक कहलाए।।

बालक ही सब कहे रहेंगे।
स्त्री सुख खोना सब चहेंगे।।
फिर ब्रह्माई बस हो नारी।
रुदन के दुख सों दुखियारी।।

रौद्र ही मातई बंसी परगट।
पांचो मुख दुखराई परखत।।
दस बाहू धर दरस दिखाए।
ब्रह्मा को दुख दूर दोराए।।

खेव जगत में रहीगो, तुम्हरोइ सब अंस।
उत्पत हो तो जाइगो सदा तुम्हरो बंस।।

सप्त रखी हरख हो प्रगटाए।
कर्दम नारद देही पाए।।
दक्ष अँगूठी से फिर निकसी।
भई मरीच प्रघट फिर उनसी।।

कश्बजी जब औनसी जाए।
ब्रह्मा को वह बंस बढ़ाए।।
सनाठ दछ किए कीन्ना बहुयन।
औनसी तेरा कशब लययन।।

जिनसे देवंश भई उत्पत।
और प्रबल राक्षस भये नछमत।।
यह संसार के मोल हैं मानो।
इनकी सब साखा पहचानो।।

इक और कीना दक्ष के जानो।
महरानी श्री सती बखानो।।
वह सेरे शंकर को देनी।
इस उपाव सी वरद हि कीनी।।

ब्रह्मा बिष्ण महेश सों, जग पायो बिस्तार।
यह कारज की नमत हैं नारायण करतार।।

महारानी श्री गौरी जी के सती होने की कथा और बीरभद्र का उत्पत होना

सब रखि कही सूत सों स्वामे।
महरानी श्री सति सो नामे।।
कैसी सती भई समझाव।
हमको इनके कथा सुनाव।।

सूत कही सब चित दर सुनो।
दक्ष प्रजापत राजा गुनो।।
सति देवी की तपा पछानो।
महादेव को ससुरहि जानो।।

जब ब्रह्मा जी जग रचाए।
सगरी देवन को बुलवाए।।
दक्ष प्रजापत भइ वहाँ आई।
राजापन को ठाट जमाई।।

बरन अगन जम आदर देने।
सब दिग्पाल अगवानी कीने।।
मान सभा में सब से पाया।
अपनो और अभिमान बढ़ाया।।

महादेव तभी रही मान कछू नहिं कीन।
राजा तब कहाई के मन में बहु मिलीन।

फिर जब दक्ष प्रजापत राजा।
जग अपनी गृह में साजा।।
सभों को न्योता भिजवायो।
महादेव को नहीं बुलायो।।

सती निवेदन करके कहीं।
शिव जी से इक तुम सम नहीं।।
मेरी पिता घर जग रचू है।
आप चलो तो आनंद हुइ है।।

कही चलें जब हमें बुलावें।
बिना बुलाई कबहूँ न जावें।।
देखन राह बहुत संध्यालों।
सती निवेदन कीन्हों शिव सों।।

बिसर गए होंगे कारज में।
दोष नहीं हम तुम जोर में।।
शिव नहीं मान्यो कष्ट से।
सुखराई थी नारद जितते।।

वहाँ हो पहुँची प्रेम सों यो बहुत उपमान।
बोल चाल ऐसी चलिए भरी होगी कान।।

ना कोई अगवानी को आयो।
ना कोई अपनी धिक बिठायो।।
पता कहियो यह कैसी आए।
भूत पिशाच संग क्यों लाए।।

इसको पति ही अति अभिमाने।
संन्यासी जो गए अग्याने।।
राजन की पदवी क्या जाने।
वह हमरी पत क्या पहचाने।।

दूत बहुत है जिसके सन्या।
भाग से पाए हमरी कन्या।।
रीत सभा के जानत नाहीं।
बोड किसी के मानत नाहीं।।

बंहगे जंगे जो गए ऐसो।
हमरा हिया जवानी कैसो।।
जब ये सति यह निंदया सुनी।
कोपवती हुई बहु सर देनी।।

कही पितासी चुप रहो गिरि होम में जाय।
भरी सभा में भस्म हुइ सत देनि दिखराय।

यह सुनकर शंकर जी धाए।
जटा पटक बहु क्रोध में आए।।
वहि क्षन बीरभद्र प्रगटाए।
निकस जटा सों युद्ध मचाए।।

दक्ष प्रजापत को सर काटियो।
मानो साख बिरछ किए छाटियो।।
शिव की सब मिल विनती करी।
हाथ जोर चरनन सिर धरी।।

कहि दया की आप हो सागर।
क्षमा करो पूरन कृपा कर।।
इसके प्राण बक्शी स्वामे।
आप हो नर माया निर गामे।।

नहीं कोय यह जग करीगो।
जग को पड़ा नाम धरीगो।।
अज्ञा दीजे बैर न कीजे।
बिनती यह हमरी सुन लीजे।।

शंकर कृपाकर कही मूंद भेड़ को लाव।
इसके धड़ पर राख दो बस यहि करो उपाव।

दक्ष प्रजापत जब सर पाया।
श्री शंकर की सन्मुख आया।
मैं मैं कर स्तुत बहु कीनो।
शिव को पराक्रम तब चीनो।।

सती कोपसी जुरी न भाए।
अपनी शक्ति को दिखराए।।
जहाँ जुरे वह ज्वालामुखी है।
वहाँ दुखी जो जावि सुखी है।।

तेजवान स्थल नहीं ऐसो।
दब धाम ऊजल नहीं ऐसो।।
और सुनो जब सती तुहर जुरे।
हिमाचल की गिरह अवतरे।।

फिर शिव की अर्धंगी भई।
पार्वती बन संगी भई।।
ऐसी सूत जो कथा सुनाए।
ऋषि आनंद हुई हरखाए।।

फिर सब बोली सूत सों शिव पूजा बतलाव।
इसकी जो जो बहु बिधी सकल हमें समझाव।।

तारक असुर की कथा

तारक असुर रहियो मधुबन में।
इच्छा ऊँची वाकी मन में।।
चक्रवर्ते राजा बन जावे।
जग में अति बलवान कहावे।।

सुख भोगी बहु जब लों जीवे।
निस चिंता संपत मधु होवे।।
जीत पाई जिसकी संग लरी।
मरि तो षडानन सों मरी।।

अनिच्छा सों तप मन धारा।
पक्की एक अंगरी पर ठारा।।
बरख त्रि लटका जीवन भांडा।
वायुयान कर अन्न को छांदा।।

जोग की अष्ट अंग सब कीना।
म्यानो को अर्ग प्रनाम से दीना।।
जब वह बहुत तपशा कीनो।
श्री ब्रह्मा तब दर्शन दीनो।।

हुई प्रशन वासी कही क्यों इतनो तप कीं।
जो जो इच्छा वह किया सो सब बहु बर दीं।

जब पायो ऐसो बरदाना।
अपनो सम दूजो नहीं जाना।।
विषयी भया धर्म सब त्यागा।
जग को पीड़ा देवन लागा।।

बलवानिन को निर्बल कीना।
राजन के राजाई छीना।।
देवन पूजा करन न देनो।
ब्रह्मन बिद्या पढ़न न देनो।।

बेद उच्चारें तो बेतहि मारी।
वासी इंद्र देव ही हारी।।
मुनि सब ब्रह्मा जी ढिक आए।
ऋषि सब हाहाकार मचाए।।

कहि हमारो दुख दुराव।
इस पिटरा सों प्रान बचाव।।
हमें चहन और निर्बल कीने।
ओसी महा प्रबल कर दीने।।

कही ब्रह्मा हारी बचन अब क्या करें उपाव।
हमरी इस्ना छांदकी इंदर देव धिक जाव।।

कामदेव का महादेवजी से छल करना और तृतीय नेत्र से जरना-

सब मिल इंदरदेव ढिक आए।
अपनी अपनी बिथा सुनाए।।
इंदर कहि हम काम करत हैं।
कामहि को बदनाम करत हैं।।

काम को बुद्धि उपजावत हइ।
काम सबन को भकावत हइ।।
ऐसो पक्ष और पास करत हूँ।
काम ही को मैं नास करत हूँ।।

कामदेव को तुरत बुलाए।
मीठी बातन कर समझाए।।
कहि कैलास सिखर पर जाव।
गौरी शंकर को वहाँ पाव।।

श्री शंकर को काम उपजाव।
गौरी जी संग अकेला कराव।।
षदानन जब देह धरेंगे।
तब तारक को नास करेंगे।।

काम कहा अब है चला बड़ी नहीं यह बात।
जोग भंग हो जाइगो शिव को करो वह घात।।

जब कैलास तरी वह आया।
बन मन गौरी जी को पाया।।
चिंते तिन्हें सुंदर फूलन को।
प्रेम भक्ति सों शिव अर्पण को।।

जब गर्मी परली फूल सिधाएँ।
और शिवजी के सीस जढ़ाएँ।।
काम बाण फूलन में मारो।
गौरी को मुख शंभु निहारो।।

कही तुम हमरो प्राण हो गौरी।
तुझ कला में भान लिघोरी।।
बहु भक्ति से हमें निहारें।।
प्रेम बाण नैन सों मारें।।

हम क्यों तुम्हे प्रेम सें देखें।
भोग न भोगें सुख नहीं भेगें।।
गौरी कहि यह प्रीत नहीं है।
ऐसी जग की रीत नहीं है।।

बिन बिवाह कैसी करूँ स्वामी संग प्रसंग।
इस असाश्त्र बात में होंगे अग्या भंग।।

जब शंकर अपनी में आए।
कामदेव का पता न पाए।।
बन खग रूप चहू तरु जाए।
शिभु क्रुद्ध दृष्टि तहाँ धाए।।

अगन दृष्टि सों वहि छन हरियो।
भस्म हुई पृथ्वी पर परियो।।
रतिवाकी स्त्री जब आए।
शिव की सन्मुख रुदन मचाए।।

कही इंदर यह घात कियो रहि।
मेरे पति को प्राण लियो रहि।।
वाकी सिखाई ये उन कीना।
महापाप वाकी सुन लीना।।

बना पाप में बधवाँ रहूँ।
कब कौन ऐसो दुख मैं सहूँ।।
शंभु कही द्वापर जब आवे।
कृष्ण अवतार जगत प्रगटावे।।

पर दमन इनके पुत्र हुई देन के तूहि सुहाग।
धीरज धरें मांहीं बस दुख क्लेस को त्याग।।

नारद जी के कही से महादेव जी का जोगी भेसकर श्री गौरी जी की परीक्षा को जाना।

एक समै नारद जी आए।
शिव जी आदर कर ठहराए।।
कही स्वामि श्री गौरी माता।
तुमको पूजत हैं दिन राता।।

हिमांचल पर बास करत हैं।
आपहि को नित ध्यान धरत हैं।।
तुम्हरी ही प्रेम की हैं वह भूखे।
काँटों सम चिंता सों सूखें।।

हमरी इतनी बात सुनी जे।
उन्हें ओस जल दर्शन दीजे।।
शिवजी जोगी बेस धराए।
जटा लटा मुख पर भितराए।।

भीम त्रिपुंड सदा सिर सोई।
मृग छाला कांधी मन मोई।।
आप परीक्षा लेवन चले।
गौरी दर्शन देवन चले।।

हिमांचल पर जब गए वह जोगी महराज।
देखनी देई लिपत हैं अपनी पूजन काज।।

जब पूजन से मंचन पाई।
        तब पूछी महराज गुसाई।।
तप में लीन भई हो काहे।
        ऐसी झीन हइ हरका चाहे।।

देह के शुद्ध नहीं राखत हो।
        जैसी न पाव क्यों चाहत हो।।
देबी लजासी चुप रहीं।
        सुखीं अग्या दें वह कहीं।।

यह शंभु को ध्यान धरत हैं।
        उन चरनन पर प्राण धरत हैं।।
उनका नाम रटत मैं निस दिन।
        नहीं बिसरत मैं इकपल इक छिन।।

ब्रह्मा बिष्णु को नहीं जानें।
        शिव बन काहू को नहीं मानें।।
जोगी कही मैं सत नहीं जानूँ।
        अपनी मुख से कहें तो मानूँ।।

तब गौरी मुख सें कहीं झूठ नहीं ये बात।
शिव बन मोको दूसरो नीको नहीं लखात।।

जोगी कहि के जानत हूँ मैं।
शंकर को पहचानत हूँ मैं।।
वह हो तुम सम ही संन्यासी।
जटाधारि जटामसान को अमासी।।

अज्ञानी ही भोला भाला।
काँधी पर बागंबर डाला।।
तुम तो तुंजवान दरसत हो।
दार दरी को क्यों परसत हो।।

भस्म बदन पर लीपत भंगे।
भूत पिशाच में वाकी संगे।।
गल धारी मुंडन की माला।
कर राखी त्रिसूल कराला।।

मथिया वाको तुम पूजत हो।
कश्त करत हो क्यों जोजत हो।।
वह क्या तुमको सुख दे देगो।
बुद्ध भांत के दुख दे देगो।।

गौरी जब निंदया सुनि रही न अपनी माँह।
उतर देवन के लिए कोप से झटकी बाँह।।

कही तू क्या जानत हइ जो किए।
दुष्ट भिखारि रोगी हो गए।।
शंभु हैं देवन की राजा।
सकल जगत के हैं सरताजा।।

उन सम कोई नहीं है दूजा।
बिष्णु करत हैं उनकी पूजा।।
सगरी पात हनन तुलसी दल।
सब जल होत नहीं गंगाजल।।

यूँ महराज परीक्षा लेने।
भेस बदल फिर दर्शन देने।।
अपनो रूप अनूब दिखाई।
इक इक को निहार हरखाई।।

शंभो कही चलो कैलासा।
कहि गौरी मेरी ही आसा।।
प्रथम तपा घर मोह पठाव।
उन्हें संदेसा कह भिजवाव।।

यह शंकर शंभो की हरख सों कासी बास।
और गौरी जी ही गईं हिमाचल के पास।।

महादेव का सप्त रखन को हिमांचल की डिक भिजवाना गौरी जी की ब्याह के अग्या के कारण।

जब गौरी सब बीती कहियो।
मात पिता को आनंद भइयो।।
सप्त रखन को शिव बुलवाए।
हिमांचल की पास पठाए।।

कही हमें गौरी को दीजे।
कर उपकार बिवाह करीजे।।
हिमांचल घर जब रखि गए।
इनको बहुत ही आदर दिए।।

रखी आनंद संदेसा कही।
हिमांचल हो आनंद लही।।
माता गौरी की सुन पाए।
सबको अपनी निकट बुलाए।।

श्री गौरी को मुख दिखराई।
निरख ऋषि आनंद लखाई।।
ई ब्याह अग्या जो चहे।
जाइ ऋषि शिवजी से कहे।।

सुन शिव नारद सी कहि अमरावति को जाव।
श्री ब्रह्मा और बिष्णु को हमरी ब्याह बुलाव।।

देवन को न्यौता भिजवाए।
ऋषि मुने सब सुन हरखाए।।
अपनो अपनो काज सवारें।
सब बेवाह को साज सवारें।।

जो नहीं आवें दोषी होवें।
मानो बीज पाप के बोवें।।
नारद जी सबको कह आए।
शंकर जी की चरनन धाए।।

फिर बरात के भई तयारे।
ब्रहमा दूरी हंस सवारे।।
गडर चटर है श्री बिष्णु आए।
सूरज अपनो रथ दौराए।।

वरुण देव दिग्पाल पवन भइ।
पृथ्वी जल आकास अगन हइ।।
चंदर उजारो किरन सिधारे।
दीपक भइ गगन के तारे।।

हिमांचल आनंद सी चले बरोठी काज।
मुनिया भइ को हठि चढ़ी और नारद महराज।।

बुद्ध भांत के बाजन बाजे।
जैसी घोर गगन खन गाजे।।
पाचनी भूत पिशाच सिधाए।
बड़े भयानक रूप दिखाए।।

काहू को सरथो धरना नहीं।
पूछतहि काहू को सरना नहीं।।
शिवजी फिर नंदी पर आए।
भीम के माथहि खोर लगाए।।

सीस जटा को मोर सहानो।
सेहर भरी लटा को मानो।।
सर्प को हार गले अनुराजे।
कर डमरू त्रिसूल बिराजे।।

गंगा जमना चिनोर दोलावें।
ताल सरस बेताल बजावें।।
मुनिया डरी मूर्च्छा खाए।
बिसुद्ध भइ जब आप में आए।।

नारदजी सी भोलरी की कोप सो बात।
नहीं करूँ पुत्री बिदा ऐसे पति के सात।।

शदानन का उत्पत होना और तारकासुर को मारना :

बलिहारी सुंदर बरलाई।
मथिया बातन सों समझाई।।
ना भूखन ना वस्त्र सुहाने।
इनको कोई बहु दुल्हा जाने।।

ऋषियन ने दिलाए कीने।
गौरी को पिटेरा देने।।
पश्चाताप करन जब लागे।
हिमांचल ग्यानी बिरह भागे।।

बोली क्यों यह क्रोध करत हो।
धीरज राखो काही डरत हो।।
वो कही पुतरी कोप में डारो।
ऐसी पति को दी मत मारो।।

फिर गौरी की डर मत माता।
नीको निरमोही देव बिधाता।।
वाकी मुँह पर कर सों मारे।
औरहि कोपवान भई हारे।।

ब्रह्मा बिष्णु सब आएगी शंकर की कनकाए।
मुनिया को धीरज दई यक्ती सों समझाए।।

नारद मुनि शिवजी से कहे।
कैसी प्रभु तुम दुल्हा भए।।
तुम्हरी सास डरत हइ स्वामे।
पश्चाताप करत हइ स्वामे।।

अपनो सुंदर रूप दिखाव।
वाकी मन को भरम मिटाव।।
तब मुसक्याइ हुइ हर प्रशन।
भेस बदल कर देनी दर्शन।।

अद्‌भुद रूप अनूप दिखाई।
जाको निरख बसि हरखाई।।
मात पिता आनंद लखाए।
भानूर को सब ठाठ जुराए।।

ब्रह्‌मा बेदे बनावन दूरे।
ऋषि मुनि होम करावन दूरे।।
पंडित बेद पढ़न सब लाके।
भाग सो हिमांचल की जागे।।

शुद्‌ध अष्टमी चैत की मन मत सिम्त जान।
पानिग्रहण किए प्रभु शबघरी बुद्‌ध प्रमान।।

पारबती की जब कर अंगरें।
ब्रह्मा की दृष्टि में परें।।
काम उत्पत बहु ब्रह्मा को।
बीज गिरयो पृथ्वी पर वाको।।

वाचन पुत्र भी वह बंधु सब।
कोप दृष्टि सो सों नरकहि तब।।
ब्रह्मा से कहे तुम हट जाव।
दोष करी हो गंगा नहाव।।

गंगा से कहि पाप दुरादे।
ताप दोष से इन्हें बचादे।।
शंभु दयाला भोले भाले।
सूरज को देनी वह बाले।।

साठ सहस्र अक्षत परमानी।
भई बाल खेल्या पहचानी।।
ब्रह्मचारे वह सबमें अब लों।
अगई दूरत हैं सूरज सों।।

गौरी शंकर को बिदा हिमांचल जब कीं।
चरन सीस नवाई की दान धज सब दीं।।

गौरी पाई शिव हरखी मने।
पुष्पन बरखा भइ गगन रसे।।
जब अपनी कैलास में आइ।
देवन बिदा की सुख पाइ।।

हुई अनंद जो अग्या दिए।
अपनी अपनी घर सब गए।।
जो यह कथा सुनी शचिधर।
संपत सदा रही वाकी घर।।

दुख दर्द रसब दूर दुरावे।
पुत्रवान धनवान कहावे।।
वाको हइ इस लोक में नांहि।
सुख भोगी परलोक की मांहि।।

जमदूतन को डर नहिं राखे।
सर्ग भोग भक्ति रस चाखे।।
और सब पुत्र हो वाकी तरें।
शंभु वापर कृपा करें।।

गिरधारी प्रसाद पर ऐसी ही रहें दयाल।
शंकर भोलानाथ जी भक्तन के रछपाल।।

सकल देव कर आसा यहि।
शंकर पुत्र हुई बुद्धि केहि।।
तारक के पिटरासी छूटें।
दुख निवारण हो सुख लूटें।।

भई चार जग भाग न जागे।
इच्छा बिरछ हइ फल नहिं लागे।।
सगरी ऋषि चिंता नित हई।
शिवजी पुत्रवान नहीं भई।।

कहि शिव पारबती को पाए।
हुई आनंद हमें बिसराए।।
सब मिल एक उपाव बिचारे।
अग्नि देव को कहि हम हारे।।

तुम यक्ति से काम सिधारो।
ठहरो मत कैलास सिधारो।।
अग्निदेव जब वहाँ सिधारे।
पार्बती शिव की युक्त निहारे।।

भंग भयो एकांत जब शिवजी कोप में आए।
पृथ्वी पर आनंद में शंकर यू बिज गिराए।।

यज भयो हो कोप में पारा।
    और कछू भाग रहो जो न्यारा।।
अगन पक्षि बन वाको कहाए।
    तुरत हिं उडरी गंग पराए।।

गंगा मान्हें वाको डाले।
    त्रिभुवन को नहीं भार संभाले।।
गंगा भई नहीं राख सखें जब।
    शेर गिर्‍यो आकर सर में तब।।

वासी पुत्र अपचो इक सुंदर।
    मानो भान गिर्‍यो पृथ्वी पर।।
चहि पुतरी जो कर्तिका वह थीं।
    श्री गंगा पे नहावन जो थीं।।

तीर हो पाएँ गोद उठाएँ।
    अचरज हुइ अपनी गिरह लाएँ।।
कबित मुख सुनि पय उनका पिये।
    अग्नि पुत्र षडानन जिए।।

सकल देवता जो सुनि पहुँची उनकी पास।
संग लई अनंद सों जा पहुँचे कैलास।।

मात पिता की सन्मुख लाए।
शिव प्रसन्न भए हरखाए।।
देखियो पुत्र जो ऐसो सुंदर।
तन मन धन कीनो निछावर।।

प्रथम पिता की पायन परे।
फिर माता की पग सिर धरे।।
देव कही तब शंकर स्वामे।
यह होंगी बलवान जो नामे।।

इनको हमरी संग पठाव।
तारक असुर हि भीगे नाव।।
अज्ञा दो यह जुध करेंगे।
सब दुष्टन के साथ लरेंगे।।

जब शिव जी ने अज्ञा देनी।
सेनागण को बहु संग लेनी।।
जुध कों चली कार्तिक स्वामे।
तारक असुर दुष्ट आए नामे।।

स्वामी के सन्मुख हुवा वह बुद्धि अज्ञान।
जब सिरच्छेदन हो गया मिट गयो सब अज्ञान।।

तारकासुर के पुत्रेतर का तपशा करना ब्रह्मा जी से बरलेना महदेव का बरतर को नास करना।

तीन पुत्र तारक निशचर के।
गई वह सकल तयाल नकर के।।
जल में ठारी किए तपशा।
बुद्ध भांत की भइ समशा।।
ऐसो तप रिशियन नहिं कीनो।
ऐसो दान कोइ नहिं दीनो।।
जेती तीरथ थी सब नहाए।
सगरी धाम धाइ फल पाए।।
सहस कँवल नित अर्पण कीने।
शिव अर्चन मान्हीं चित देने।।
इक दिन एक कँवल कम परियो।
अपनो नेत्रांकर के धरियो।।
उल्टी लटके हाथ उठाए।
वायु पान कर अन्न न खाए।।
जब वह अष्ट जोग सब कीने।
ब्रह्मा उनको दर्शन दीने।।
कहि तपशा भूकी जो चाहो बर पाव।
वह माँगी हमरीई तीन नगर बन जाव।।

रजत कनक लोहि किए होवें।
दूवार जडावी सुंदर सोवें।।
वामें हम राजाए करें।
नीम धरम सें प्रजा धरें।।

जहाँ चाहे वो नगर ले जावें।
चक्रवर्ती राजा कहलावें।।
एक बाण सें तोड़ी जोई।
नगर हमारो लेवे सोई।।

प्रबल न होवी हमसें कोय।
जो हम चाहें होवी सोय।।
ब्रहूमा जी तब अज्ञा दिए।
वैसा ही प्रतापी किए।।

वरुण अगन को बस में लाए।
जब चाही बरखा बरसाए।।
सूर्य चंदर होको नहीं माने।
अपने घर के दीपक जाने।।

बड़े प्रतापी होगे जब वह राजा तीन।
देवादिक सकरी हइ तब उनकी उदतीन।।

सकल देव ब्रह्मा धिक गए।
अपनी व्यथा सुनाइ किए।।
काही हमरी पदवी छीने।
हमको क्यों निर्बल कर दीने।।

असुरन को बलवान बनाए।
हमको पिटरा माहिं फसाए।।
जग में हमरो मान नहीं है।
तन में हमरी प्राण नहीं है।।

बपता ऐसी होंगी कब लों।
हमें बचाव अब तर परा सों।।
ब्रह्मा बिष्णु की सब जाव।
महादेवजी को समझाव।।

वह सब तुम पर कृपा करिहैं।
दयावान है रक्षा करिहैं।।
फिर सब शंकर जी ढिक धाए।
अपनी सगरी बिथा सुनाए।।

यह शंकर शिव जी कहि सच ही तुम्हरी बात।
हम हो चिंता करत हैं सोचत हैं दिन रात।।

सब त्रिपुर नगरन के बासी।
नियम धरम किए हैं अभ्यासी।।
पूजा पाठ करत हैं निस दिन।
इनको तज बढ़त है क्षन-क्षन।।

वह कुकर्म जब लों नहीं करें।
का होती हारें नहीं मरें।।
तुम सब श्री बिष्णु पे जाव।
कहो बिथा और रुदन मचाव।।

बिष्णु सुनि कही तप करो।
शिव को पूजन कर जप करो।।
फिर विष्णु माया उपजाए।
मुंडी जिति इक पुरुष बनाए।।

मुख मन कीड़ा छन बदन सब।
नख सिख से हैं देह सगुन सब।।
इक कर में फाँसी अति रोगे।
बना वस्त्र जैसी कोई जोगे।।

वाको कहि तुम जाइ के करयो ऐसो घात।
त्रिपुर मांहीं ना रही एक धरम के बात।।

इनको धर्म नष्ट कर डारो।
 और सब कर्म भ्रष्ट कर दारो।।
कहो दस सहस पद सिखराई।
 चार सखी उन संग पिटाई।।

वह जोगी गुण गावन लागे।
 असुरन को भगावन लागे।।
नारद मुनि पहले तहाँ जाए।
 त्रिपुरन तिए सब कथा सुनाए।।

इक जोगी आयो है भलो।
 वाकी अज्ञा में सब चलो।।
तीनों राजा वासी मिलिए।
 उसके मत प्रमान सब चलिए।।

नियम करम पूजा सब त्यागे।
 सब अजोग मत करनी लागे।।
बेद पुरान पढ़ें सब छोरे।
 दान और होम हों सब चठोरे।।

पितरन पाइ नहीं दी होगी क्रिया में।
कछू सोचता ना रही होगी दुष्ट मिलें।।

जब श्री बिष्णु यह सुन पाई।
त्रिपुर बासी धरम गँवाई।।
बहुत आनंद भइ हरखाए।
देवन ये कैलास में आए।।

सबको कही करो शिव पूजा।
और उपाव नहीं कोई दूजा।।
शिव को ध्यान लगाव निसदिन।
स्मरण रखो इनको क्षन-क्षन।।

आप हो शिव पूजन चित देनी।
दीक्षा मूरत को जप कीनी।।
ध्यान लगाइ समंदर माहीं।
तब श्रीसंकर अद् गोसाईं।।

हुई प्रशन कहि जो चहो।
बर देवत हों मोंसों कहो।।
सब कर धर्म मिट्यो जग मांहीं।
त्रिपुर नास हो बन तरसो नाहीं।।

शंभु दयाला सुन कहे हम करी हैं यह काम।
नहीं राखेंगे जगत में हर तरीर को नाम।।

देवन साथ करें शिव बाता।
तहां आई गौरी जग माता।।
अग्निपुत्र बंदी गण साथा।
नर कहि देव नवाए माथा।।

सब माता की दर्शन ली।
सीस झुकाई दण्डवत की।।
मंदिर मांह गई जग आनी।
पाछी दूरे शंकर वानी।।

देवादिक हइ जावन चाहे।
मंदिर भीतर धावन चाहे।।
किन द्वारे पर शिक्षा करी।
मारी उन्हें जो वहां धरी।।

बिष्णु ढिग दौरी अति दरी।
बहु ब्याकुल हुई पायन परी।।
कही हइ मथिया सब पूजा।
कोइ उपाव बताव दूजा।।

बिष्णु कही तुम नेत्र अब लेखो निश्चै लाए।
पंच अक्षरी मंत्र को जपलो ध्यान लगाए।।

एक करोर मंत्र जब होगो।
तुम्हरो काज सिद्ध तब होगो।।
जैसी हम कहें तैसी ही करो।
धीरज राखो कछू मत डरो।।

जो उपदेश बिष्णु भगवाना।
देनी उसी अज्ञा पर माना।।
यूँ मंत्र उच्चारण कीने।
शिव प्रशन हुइ दर्शन दीने।।

कहि तुम्हें हम वचन दी हैं।
तुमसे पूजा बहुत ली हैं।।
तुम्हरी दुख सब दूर दुरावन।
तब कैलाश मांही सुख पावन।।

कुछ चिंता मन में मत राखो।
कैसो जुद्ध करत हैं देखो।।
असुरन को अब नास करत हों।
तुम्हरो पूरण आस करत हों।।

आप चलत हों जुद्ध कोई संग सकल जहान।
त्रिपुर को इक बाण सें कर यहूँ भस्म समान।।

शिव बसकर माको बुलवाए।
जुद्ध पधारन रथ बनवाए।।
सब पृथ्वी को रथ थो जानो।
सूर्य चंद्र पाइ पहचानो।।

भयो समुद्र बिछो ना जाको।
मंदाचल के धरी थी वाको।।
चार प्रशार्थ खान बताए।
चार बेद के अश्व सोहाए।।

ब्रहूमा भई आप रख धारे।
तब निकसी शिव की असवारे।।
बिष्णु देव इंदर दिगपाला।
भूत पिशाच वह गण बेताला।।

दिल के दिल माछी और आगे।
सब असुरन को मारन लागे।।
शंकर एक बाण जो मारे।
त्रिपुर मरिए असुर सब हारे।।

वहि छन भई अकास में फूलन की बौछार।
सकल देव आनंद भइ बोली जय जयकार।।

शिव के भक्त जो जुद्ध में मरे।
वह बैकुंठ धाम पकधरे।।
सबके सब गुण है अति प्यारी।
असुर मरि सो नरक सिधारी।।

यह दो सहस बरस जुध हुयो।
मानो जग में परिये भयो।।
फिर वह जिति शिव सन्मुख आए।
जो त्रिपुर में धरम मिटाए।।

पूछी क्या अज्ञा है हम कहो।
कलजुग तक तुम जग में रहो।।
जब श्री शक्रजीत फिर आई।
और अपनी कैलास में धाई।।

हरख बिदा कीने देवन को।
देव जो फल पाई पूजन को।।
अपनी अपनी स्थल गए।
निश्चिंता हुइ आनंद भए।।

ऐसे गिरधर दास के शिवशंकर महराज।
हुई प्रसन्न कृपा करें जग में राखें लाज।।

ब्रह्माजी का श्रीबिष्णजी से देवहित उपदेश लेना और महादेवजी की पूजा करना।

एक दिन ब्रह्मा जी सुखदाए।
देवन सों बोली यह पाए।।
कौन देव के पूजा करी।
जासूँ परम धाम पक धरी।।

मुक्ति होवी अमर कहावें।
के बुध जीवन को सुख पावें।।
देवन को ब्रह्माजी लेकर।
पहुँची आप कुबेर सागर पर।।

श्री बिष्णु जी की गुन गाए।
ध्यान लगाइ दर्शन पाए।।
कहि हमें उपदेश करिजे।
किसके पूजन करें कहिजे।।

परम धान हम कैसी जावें।
मुक्ति को फल के बुध पावें।।
कहो उस हम किसको पूजें।
तुम बिन क्यों दूजी सी लोचें।।

बिष्णु कहि इक शंभु में बस पूजा की जोग।
चार पदारथ जगत में इन सबसी पाइ लोग।।

मन शिव पूजन में चित लाया।
जब देवन मन सृष्ट लखाया।।
ब्रह्मा शंभू ध्यान लगाई।
जब सकरी सृष्टि प्रगटाई।।

इंद्र हो इनके पूजन कीने।
जाकी फल यह पदवी लीने।।
सृष्ट सो बहुत लिंग पुजाही।
उस पूजा जो हर कोई चाही।।

सब कहे लिंग बहुत ही कैसो।
हम नहीं देखी बहुत हर ऐसो।।
लस्कर माको तुरत बुलाए।
भाँत-भाँत के लिंग बनाए।।

नीलम फटिक और मांपर के।
लोही की मोती पत्थर के।।
जब बहु लिंग बनी अति प्यारी।
सुंदर-सुंदर न्यारी न्यारी।।

देवन को जो लिंग सब पूजा कारण दें।
असुरन ने भी पायों परार्ध भाग के लें।।

फिर श्री ब्रह्माजी यह बोले।
भेद यश देही के खोले।।
निर्भय ज्ञानवान होवत हैं।
नारायण समान होवत हैं।।

परनिज और परमार्थ करें।
इनसे बनी जो मन में धरें।।
जोकी नैन तपश्री होवें।
चाहें जागें चाहे सोवें।।

निरसें सकल काज बन आवें।
निश्चै धर जब मन में लावें।।
ब्राह्मन इनमें श्रेष्ठ हैं जानो।
बेद और शास्त्र पढ़न तो मानो।।

उपनवंत कर्म सब करें।
भगवत की सुमिरन चित धरें।।
दुख सुख को समान पहचानें।
और सब ज्ञान ध्यान को मानें।।

नित लिंग पूजन करें गौरी को धर ध्यान।
नदी गुण पूजें सदा सूर्य चंद्र को मान।।

फिर ब्रह्मा ऋषियन से बोले।
भेद सकल क्रिया की खोले।।
कहो सुनो अति निद्रा त्यागें।
अरण उदय सें पहले जागें।।

मन मन ध्यान प्रभुको धरो।
नितक्रिया मुखमंजन करो।।
प्रात समय करी अस्नाना।
सन्मुख राखो अपनी भाना।।

फिर बैठो बिछाई आसन को।
माथी तिलक देव चंदन को।।
चंदन नही तो फिर जल हरका।
ली ललाट पर खीचो टीका।।

सीधा करो आचमन करलो।
शिवशंकर पूजन जप धरलो।।
प्रथम गौरव को स्मरण राखो।
निश्चै धर भक्ति रस चाखो।।

मन इच्छा संकल्प कर श्री गणपत सरनाई।
श्री गौरी को ध्यान धर राखो मनसो भाई।।

अगन पुत्र नन्दी को पूजो।
तब श्री संकर जी को पूजो।।
तीन अक्षरे मंत्र जप करो।
ऐसो पूजन में चित धरो।।

फिर कहि सूत ऋषियन सी आछे।
पहले आवाहन कर पाछे।।
पार्थव को चौके पर धरी।
निश्चय कर मन पूजा करी।।

दूध दहि खरत साकर लाव।
पंचामृत मधुडार चढ़ाव।।
फिर जल लाइ आचमन करी।
धूपदीप नैवेद्य ही धरी।।

पढ़ अश्लोक देव जल धारा।
स्वेत वस्त्र से पूजो सारा।
जो तल भाल लेई सर धरे।
धूप दीप भोग अरती करे।।

फूल छुहा स्तुत करी घटा संख बजाए।
करी विसर्जन डाल जल गुरु जब कर हरखाए।।

ऋषियन का सूतजी सी पार्थो पूजा के बुद्धि और उसका सिल पूजना।

फिर सब ऋषी सूत सों कहिए।
कीती पार्थो करना चहिए।।
गिनती उनके हमें बताओ।
और पूजा को फल समझाओ।।

सूत कहे सुने रे भाए।
हम तुम कौन देवन समझाए।।
पार्थो एक करोर बनाव।
तब जगमें राजा पद पाव।।

बिना लक्ष पार्थो सुख लोलो।
पड़ी बंद में होतो छूटो।।
और पचास सहस धर धाव।
हुई निरोगी रोग दुराव।।

और पच्चीस सहस पूजो जब।
मंगल काज सिद्ध होगो तब।।
साड़ी बारा सहस बनाव।
तब बिद्या में श्रेष्ठ कहाव।।

दस सहस्त्र जो पार्थो लो जो चित धर आस।
शत्रु को होजाइगो सम्पूर्ण हइ नास।।

एक सहस पार्थो जो बनाव।
अश्व गज अदिक वाहन पाव।।
पांचकूट पार्थ बनवावें।
मुक्त हुइ बन जनम बनावें।।

पांचलक्ष मृत्युंजवि जापें।
दर्शन देवें शिव आपें।।
वही जब एक लाख जो करें।
अगली जनम की सिद्‌ध सब धरें।।

धन जाहीं तो फूल चढ़ावें।
तुलसी धरें तो मुक्ति पावें।।
फूल कतिस्गे और चंपक।
पार्थो के मत राखो मस्तक।।

फूलन के गनबति यहि कहे।
सब समझाए जो-जो चहे।।
फिर कही ऋषि सूत महराजा।
यह दो फूल तुझी के काजा।।

यह हीना और कतिस्गे क्या कीनी हैं माप।
याको कारण बोले अब कृपाकर आप।।

हिना और कतिस्गे के फूलों का दोषी होना और इसकी कथा :

सूत कहि सुनियो यह माता।
सीता राम लछन दो भ्राता।।
मृत्यु पाई दसरथ जो सुनी।
बन में सोक करी सर देनी।।

पिंड करे फलगुए आए।
साहत लावन लछन पठाए।।
बैर भई तो राम हो दूरे।
सीता जी को वहाँ पर छोरे।।

दसरत राजा हाथ निकारे।
देव पंद रघुनाथ पुकारे।।
सीता तब चिंता में परे।
बालू पिंदलाई के धरे।।

साक्षी करी अगन फलगू को।
पति जी कतिस्गे चौथी गोको।।
जब श्रीरामचंद्र जी आए।
और पिंड को साहत लाए।।

तब सीताजी ने कहीं नीर धरन की बात।
साखी चारों मकर गइ कीनी बसव अघात।।

सूरज ने अविकार यह कीनी।
        सत बात की साक्षी देनी।।
चार हैं श्राप दी तब माता।
        यह मोसों कीनी अति घाता।।

कवाद को मुख पूजा नहीं करी।
        फलगू भए रेणू की तरी।।
फूल कस्तीगे को फल पायो।
        महादेवजी को नहीं भायो।।

पाप ताप अग्नि भी पाए।
        जो ढिक आया उसे जुराए।।
सूत देवें कहियो लिखाए।
        क्या कीनो चंपा अति हाए।।

कहि दकन में इक मंदिर हो।
        महादेव को अति सुंदर हो।।
वहाँ दर्शन को सब आवत है।
        ऋषि मुनि तपसी धावत है।

एक दिवस नारद मुनि, ऋषियन के सरताज।
वाही मंदिर को गई दर्शन लेवन काज।।

थकी बाट में जब हो चले।
ठहरी चंपक तरु की तले।।
वहाँ इक ब्राह्मन कपटी नरखे।
वाको श्री नारद जी परखे।।

पूछी कौन कहाँ से आए।
चंपी की धिग कैसी धाए।।
कहा मैं भिक्षा को जावत हूँ।
पावत हूँ या नहीं पावत हूँ।।

नारद मंदिर माहिं पधारे।
दर्शन लिए वही बाट सिधारे।।
नर कहि ब्राह्मन को आवत हइ।
चंपक फूल लिए जावत हइ।।

फिर नारद पूछी क्यों आया।
कहना कहीं भिक्षा नहिं पाया।।
तब नारद को अचरज हुयो।
क्यों ये इतनो मंथ्या कहियो।।

नारद चंपक धिग गए और पूछि यह बात।
बोला मैं जानत नहीं कौन कहाँ यह जात।।

दोनों जब यूँ महत्या कहे।
नारद कोपवान बहु भए।।
फिर मंदिर के मांहीं धाए।
वाको फूल चरहावत पाए।।

वहीं इक ब्राह्मनी भराए।
रुदन करे और शोर मचाए।।
कहि ये ब्राह्मन बहुत नरोई।
इसके बस में नरपत परोई।।

नटखट ही अति भेद करत है।
यह अकास में छेद करत है।।
राजा जो कछु दान ही देता।
यह आधो सबसे ही लेता।।

मम तेरी ही बियाह के योगी।
मेरा पति निर्धन है रोगी।।
मुँह राजा गोदान में देनी।
यह चाहत है अधो छीनी।।

अपरासी धीर किया करों कैसो करों उपाए।
ऐसी दुष्ट अधर्म सें मोको देव बचाए।।

नारद सब इसकी सुन लिए।
बिनती जाई शंभु से किए।।
कहि ये आपसे बर लेवत हइ।
मंखन को पीड़ा देवत हइ।।

शंभू की ये चंपा लायो।
मस्तक हमरी नित चढ़ाओ।।
तासी हम आनंद हइ हैं।
ऐसी पदवी उसे दउ हैं।।

पापी ही तो शिक्षा देहि।
धर्म अधर्म को बनाव करेहि।।
नारद श्राप दी जब ले हैं।
ब्राह्मन धरयो असुर के दी हैं।।

कहि श्रीराम इसे मारेंगे।
पाप दोरावन कर तारेंगे।।
और चंपा को फल जाविगो।
शिव शंकर को नहिं भाविगो।।

चंपा को नारद मुनि, ऐसो दोष लगाइ।
शंभु भोलानाथ की पग से दूर दुराइ।।

गौरी जी का श्री गणपतजी का उत्पत करना और गणपत जी का महादेव से लरना।

कथा सुनो गणपत की भाई।
एक दिवस श्री गौरी माई।।
बातन नात कहीं सुखीं से।
मैं तो मार गए अनगुन से।।

जहाँ देखो तहाँ बस आवत हैं।
मंदिर मांही धस जावत हैं।।
हमरी दूवारे रोक नहीं हइ।
तो काहो पर दोष नहीं हइ।।

सखी कहीं कोई दूवारे पर।
दूवार पार राखो यक्ते कर।।
गौरी कीट बदन को कारे।
मूरत एक बनाई प्यारे।।

वामें जपो हरि शक्ति सों।
वह सन्मुख ठारी मुक्ति सों।।
कहा कौन मोको उपजायो।
किस कारण मन देह धरायो।।

गौरी तुम प्राण हो मेरी पुत्र समान।
तुम्हरी वही बनाइ, कि मैं हर देवन प्रान।।

श्री गणपत ही नाम तुम्हारा।
तुम जाठियो हमरे दूवारा।।
अज्ञा बिन कोई इन पावे।
आवि तो दोस्ती कहलावे।।

यह कि आप गई अश्नाना।
तभी हुआ शिव जी का आना।।
धूमधाम की वह असवारे।
किनकी आस्था बैर हो भारे।।

महल मांही पगधार न चाही।
गनपत उठी सो मारन चाही।।
मुसल ले कहि कहाँ जावत हो।
किसके गृह माँहीं धावत हो।।

क्या हइ तुम्हरा नाम बताव।
गौरी अज्ञा बिन मत जाव।।
कही महराज हमरो घर हइ।
हमको कहाँ सीको दर हइ।।

शंभो शंकर नाथ हइ हमरो नाम बखान।
दो जग हमरो दास हइ ही लरकी अज्ञान।।

फिर यहि कहृयो कि तुम मत जाव।
शिवजी की ऐसो समझाव।।
जो जो किन समझावन आए।
गणपत दूरी मारन धाए।।

जब मूसल लिए मारन लागे।
गण सब हार मान के भागे।।
शिव शंकर के सन्मुख आए।
वाको सब अन्यायी सुनाए।।

कही लरका ही जानत नाहीं।
बात किसी के मानत नाहीं।।
केतक बागी समझाए।
नहीं मान्यो तब गण फिराए।।

शिव कहि तुम हो करो लराई।
हमरी होगी जगत हसाई।।
सकल देव मोही हैं कहेंगे।
गौरी के अधीन कहेंगे।।

बिना जुद्ध आप कुछ नहिं दूजो कोइ उपाय।
ब्रहृमा बिष्णु और इंद्र को नारद उके उतकाय।।

शिव पिशाच और गनभि चढ़े।
जो गणपत के आगे बढ़े।।
मूसल ले सबके सर फोड़ी।
एक हूके भी प्राण न छोरी।।

झुंड-झुंड को मार गिराए।
अधिक जुद्ध और दुंध मचाए।।
शिव कही ब्रह्मा से तुम जाव।
कर मुक्ति कुछ प्राण बचाव।।

ब्रह्मा होसी जब नहीं माने।
लौटी सरस भए कहाने।।
वहां गौरी जो सुन पाएँ।
अपनी शक्ति कल्कि पठाएँ।।

लाखों हात शत्रु ली आए।
देव गणों को मार भगाए।।
बिष्णु आपसो दर्शन मारी।
गणपत चक्र हैं गिरधारी।।

धनिक बाण ली फिर चली श्री शंकर जी आप।
मूसल धर तोरी धनिक लरी पुत्र और बाप।।

शंकर भोलानाथ न हारे।
पुत्र को सिरच्छेदन करवारे।।
नारद मुनि गौरी ढिक धाई।
गणपत की सब बथा सुनाई।।

देबी बरी कोप में आईं।
शक्तीं को छोंदस दोराईं।।
लाखन करके शस्त्र जो छूटे।
जग के सर फूटी धर लौटे।।

पृथ्वी कंप गए औकलाए।
मानो परे आयु भाए।।
शिव जी भइ चिंता में परे।
श्री गौरी जो से बहु दरे।।

नारद मुनि से कहि कि जाव।
महरानी जी को समझाव।।
नारदजी देबी से किही।
माइकी क्षमा अनुग्रह चही।।

सकल देवनसी किए नारद जो की संग।
देबी कहि मानों नहीं कर दूँ सृष्टि भंग।।

पहली हमरो पुत्र जलाव।
सब देवन सी सृष्टि बनाव।।
प्रथम उसी के होवी पूजा।
वा सम कोइ न दरसी दूजा।।

मन में धीरज हुइ तो मानूँ।
तुम्हरी सति को सत जानूँ।।
शिवजी सुन के वह सर लाव।
सगरी गण खोजन को जाव।।

चारों दिसा धूंद कराइ।
श्री गणेश को सर नहिं पाइ।।
फिर कहि शिव उत्तर को जाव।
प्रथम जों सर वाको लाव।।

एकदंत गज को सर लाए।
शिव गणपत के देह जमाए।।
भर प्राण उस धर में भरे।
पुनर्जन्म गणपत को करे।।

ब्रह्मा बिष्णु शिव उन्हें ले गई गौरी पास।
देबी को संतोष कर सब मिल के सोल्लास।।

श्री गणपतजी का ब्याह होना और कार्तिक स्वामी का परिक्रमा को जाना और ....

एक समय गौरी महराने।
शिवजी सुनि बोली यह बाने।।
श्री गणपत और शदानन को।
यक्ती करई ब्याह करन को।।

तरुनाई सी झूम रही हैं।
मतवारी सी घूम रही हैं।।
बन नारी क्या इनको देखऊँ।
ब्याह करो तो मैं सुख चखऊँ।।

शिव की दो ऊपर दक्षिणा जावें।
पृथ्वी तीर्थ की फल पावें।।
प्रथम परिक्रमा कर जो आवे।
वह पहले अर्धंगे पावे।।

अग्नि नेत्र यह सुनकर धाई।
ली अज्ञा पर दक्षिणा के पाई।।
श्री गणेश बुद्धि के सागर।
नहिं राखी पग घर से बाहर।।

मात पिता की चार दस फिर पर कमावें।
धूप दीप और भोग धर कापूर अर्ती कीं।।

अस्तुत कर फिर मात पिता को।
　　　　की अर्धंगे देही काको।।
तुमसें तीरथ सृष्ट न पावन।
　　　　जो पृथ्वी पर कमा जावन।।

मात पिता सुन हो हरखाए।
　　　　बहुत सराहे गले लगाए।।
कहि तुम बुद्धिवान हो गणपत।
　　　　हमरी जान प्राण हो गणपत।।

तुम दोऊ नैनन के हो तारे।
　　　　पूर्ण करें मैं वाक्य जो हारे।।
ऋद्धि सिद्धि सों लगन लगाए।
　　　　मंगल कारज कर हलसाए।।

और आशीर्वाद बहुत ही सुने।
　　　　धन संपत निछावर कीने।।
पुत्र भई दो गणपत जी के।
　　　　लाभ और लक्षण नाम है नीके।।

अपनी गिरधरदास को श्री गणपत महराज।
देखराव प्रशन हुइ नित शुभ मंगल काज।।

अब सुन लो षडानन स्वामे।
परिक्रमा कर पलटी धामे।।
और कैलास निकट जब आए।
नारदमुनि बाट में धाए।।

कहि सदा शिव न्याव न कीनी।
तुमको क्यों बन वासा देनी।।
परिक्रमा किए नमत चलाए।
क्या उपाव सें दूर दोराए।।

श्री गणपत को रख गृह ब्याही।
उनको चाही तुम्हें न चाही।।
तुम दोउको सम नहीं जाने।
षडानन यह सुन दुख माने।।

फिर कैलास में पग नहिं धारे।
लौटी उल्टी पाऊँ बिचारे।।
पिता दर्सन मन में सुन धरी।
माता की पायन नहीं परी।।

लजत हइ ये बात सुनके न काहू पास।
दुखत हइ मन में चली निर इच्छा निरास।।

इत नारद इनको भरखाए।
इत गौरी शंकर दमक धाए।।
कहि तुम्हरो सत आयोहि।
दुखत हुइ कर लौट गयोहि।।

गौरी शंकर सुन झट दौरे।
कामकाज की सुध सब छोरे।।
अग्निपुत्र को बाट में पाए।
परम प्रीत सें बहु समझाए।।

मात कहि तुम्हें गृहणी लावन।
मंगल काज करूँ हलसावन।।
कहि स्त्री होते ही कैसी।
माता कहि जानो हम जैसी।।

कहि मैं अब नहिं ब्याह करूँगो।
इस्त्रिन को माता समझूँगो।।
माता बहुत कहि नहिं माना।
इक परबत पर कियो ठिकाना।।

श्री गौरी जब हठ करें कही श्रम मत देव।
हमको माता छांद दो दूद तुम्हारो लेव।।

पार्थपूजा और रुद्राक्ष के महात्म की कथा।

सूत कहि सब ॠषि राजन सी।
हम जो कहीं सुनो तमन सी।।
जो नख दहन पूजे शिव को।
जनम अकारथ जावर वाको।।

जो कोई शिव को नाम जपत हइ।
वह जग में धनवान रहत हइ।।
आनंद से निश्चिंता रही।
सब सुख भोगे जो जो चही।।

जा शिवलोक में मुक्ति पावे।
देवन सें यहि सृष्टि लिखावे।।
जो पहनें रुदराज को दानो।
इनको पुष्पवान पहचानो।।

शिव का नाम है गंगा मानो।
और रुद्रराज सरस्वती जानो।।
ब्रह्मा को जमुना जी छीनो।
जो नर इनको धारण कीनो।।

समझो नित वह करत हैं त्रिबेणी अस्नान।
तीनों तीरत धाम के फल पावत ही जान।।

पूछी श्रुति सूत महराज।
कहो क्या फल देवे रुद्रराज।।
कहि के ग्यारा से जो पावे।
संपत संचत सरस बढ़ावे।।

एक रुद्रराज सिखाएँ सादखो।
और बत्तीस कंठ में बाँधो।।
सौ दश राखो दोनों बाहें।
दूवादस दूवादस कर माहें।।

खट खट स्रुनन में लगाव।
मस्तक पर चालीस लगाव।।
इक सत अष्ट की माला जपे।
सदा सुखी निश्चिंता रहे।।

एक मुखे रुद्राज जो पाव।
सब जग में राजा कहलाव।।
पंचमुखी शडमुखी में उत्तम।
मुखी चतुरदस है सूची सतम।।

संपत संतत देत हैं यह मन की पहचान।
दादरी को करत हैं तुजवान धनवान।।

सुबादा की कथा और नरबदाजी का महात्म और नद कस लिंग का बर्नन....

सुनो सूत सों रिसियन बिचारे।
लिंग कितने जग में सारे।।
बोइ सूत लिंग जग माहीं।
बहुत हैं जिनके गुण माँहीं।।

द्‍वादस इनमें सृष्ट मुख पानो।
बस वही ज्योतिर्लिंग हैं जानो।।
ब्रह्‍मन एक रहियो अति ग्यानी।
एक स्त्री दो सुत कन कहानी।।

दोनों पुत्र सौप स्त्री को।
तीरथ करन गया कासी को।।
वहाँ जाइके मृत्यु पाया।
मुक्त भया फिर घर नहीं आया।।

दोनों को सेवा जिस कीनी।
माता धन अधोकर देनी।।
जब मृत्यु माता की आए।
पुत्रन निकट बुलाए जाए।।

मेरी अस्ति कष्ट कर कासी को पहुँचाओ।
कांधी अपनी राख के सचयासों ले जाओ।

पुत्र सुबादा वाको नीको।
अस्ति लिए दौरा कासी को।।
ठानों ठानों निस कियो बसेरा।
बाट जला जब हुआ सवेरा।।

एक रात एक बिर्हमन के घर।
बहुत थका ठहरा सुस्ताकर।।
घर वाला जब गौ निचोरा।
बछरी को कछु दूद निछोरा।।

बछरा शोर किया तो मारा।
गोधिक बछरा गया बिचारा।।
गो कहि मैं कल शिक्षा दोंगे।
सींग सी मार उद्धार उड़ेंगे।।

फिर एक तीर्थ जाइ नहावन।
इस अपराध को दूर दुरावन।।
बात सुबादा ने सब सुना।
चकित हुइ मन में सर देना।।

सो चारह कर देख लों हुइ जो कल प्रचार।
किस स्थल में हुइको इस गो को उद्धार।।

प्रात समि जब दूद दोहन को।
निकट गया लड़का बिर्हमन को।।
गो नी वाको सींघ से मारे।
प्राण ली हो गए हतारे।।

बिर्हमन बहु दुख किया बिचारा।
घर सी वो पाली गो टारा।।
रक्त मांह जो भरी हइ सारे।
पाप ताप सें होंगी कारे।।

वह नर्बदा में जाइ नहाए।
ओझल होगी पाप दुराए।।
नरख सुबादा अचरज कीनो।
फिर कासी को रस्ता लीनो।।

एक बिर्हमनी वासी बोले।
मर्म नर्बदा जय को खोले।।
कहि क्यों जावत भइ कर सती।
यहिं डार माता के अस्ती।।

जिसके अस्ति यहाँ परे वह जावी कैलास।
जान सदा बैकुंठ हि उस प्राने को बास।।

जिती में उस नद की कंकर।
नरबदेश्वर में और शंकर।।
इस तीर्थ में जो कोई आवे।
फिर दूजो तीरथ क्यों जावे।।

यह जो बादा ने सुन लिया।
वाकी कहनी पर मन दिया।।
अस्ति कर परवाह बुद्धि सों।
वहीं सें लौटा अपनि घर कों।।

बंदकेस कोई यह स्थल।
पूजन कर पावत हैं सब पतल।।
तुजवान है लिंग यह जानो।
याको महादेव पहचानो।।

एक बिर्हमनी है सो ज्ञानी।
यहि लिंग पूज सुख मानी।।
पूजन सदा करी हरखाई।
यहीं शिवजी को ध्यान लगाई।।

इसके भक्ति सी की शिवजी वहाँ बिसराम।
गिरधारी ऐसो नहीं दूजो कोई धाम।।

उतरी श्रीलिंग का बर्णन।

ब्रह्मा के सत थे ऋषि उतरी।
पतिव्रता तुहीं इनके स्त्री।।
स्त्री सहित गए दुखन मन।
तब करती थी काम धरें मन।।

एक बरस बरखा नहीं बहे।
प्रजा सब भूखे मर गए।।
त्राहि-त्राहि पानी को हुयो।
एक बूँद जल नाहीं रहियो।।

स्त्री कही पति महराजा।
शिव को पूजो बरखा काजा।।
ऐसी बुद्धि सों अर्चन किए।
धाई देव सब दर्शन लिए।।

दयावान भक्तन के प्यारे।
शिव भी गंगा सहित पधारे।।
उतरी ऋषि को तर कहाए।
स्त्री जल खोजन को गए।।

श्री गंगा दर्शन देन कहीं के मत भरमाव।
इस पृथ्वी ने कहीं कर पति को जल पहुँचाव।।

जैसी अग्या माता दिए।
तैसी होम खोद जल भए।।
उतरी ऋषि को वह जल देनी।
गंगा कृपा बर्नन कीनी।।

उतरी ऋषि सुन उसी क्षण धाए।
श्री गंगा की दर्शन पाए।।
कही माता रही यही ठाएँ।
जल्दी जग के प्राण बचाएँ।।

गंगा कहन अर्धंगे तुम्हरी।
हैं बहु प्यारी सुनी जो हमरी।।
अपनी पूजा का इक मासा।
दी मैं पुनः तो कर यहुँ बासा।।

जब अग्या प्रमान वह दीने।
तब श्री गंगा बासा कीने।।
फिर शिवजी भइ दरस दिखाए।
उतरी ऋषि दर्शन फल पाए।

उतरी ऋषि के कही है शंकर वही स्थान।
बास के आनंद हुई वहि उतरेशर जान।।

महादेवजी की लिंग का गिरना और मृत्युलोक में पूजना।

फिर ऋषियन सें सूत सो जाने।
महादेव कर लिंग मुखाने।।
एक समी कैलास सिखर पर।
रखी पूजन करती थे मिलकर।।

पूजा को मधु लावन गए।
परबत पर इक हो नहीं रहे।।
शंकर जी को अब छू कामा।
इनकी स्त्रिन सी हो रामा।।

भय से स्त्रियन बहुत जो भागें।
बहुत भोग आनंद में लागें।।
दुख माने जब रखी सपनाई।
शिव को सराप सी लिंग गिराई।।

लिंग करायो इक पिट्रा हियो।
ब्याकुल इक स्थल नहीं रहियो।।
कभी पृथ्वी से चरियो अकासा।
एक ठोर कीनो नहिं बासा।।

वाकी अग्नि माप सी तपन लगी सब देव।
मुख जुरि हा हा करि कोइ न जानी भेव।।

रखि कीनी सब ब्रह्मा जो सी।
यह संभृंत ना नहीं काहो सी।।
ब्रह्मा कहि यह तुम अपराधा।
की सरस उपजाए बाधा।।

शंकर को आदर नहिं किए।
घर आइ पर सराप हो दिए।।
अब गौरी जी को समझाव।
उनकी स्तुत करो मनाव।।

गौरी किए बिनती सब कीने।
पश्चात्ताप बहुत जब कीने।।
गौरी भई जल्द हरी आपो।
स्तुत करी हरी लिंग को तापो।।

शिव सी पूजन अग्याए।
तब सी लिंग को पूजाए।।
देव मुंख सब पूजन धाए।
पुष्पन बरखा कर नहाए।।

मृत्युलोक में लिंग के जब से पूजा जान।
जिस पूजन के पुण्य सों तर गयो सकल जहान।।

फिर कहि सूत रखन सें मानो।
अंधक नाम असुर एक जानो।।
ब्रह्मा जो सी ली बरदाना।
अपनो सम दूजो नहीं जाना।।

प्रबल थो सबको धन छीनो।
अति पीड़ा ऋषियन को दीनो।।
ऋषि सब बिंध्याचल पर भागी।
वाकी हइ सी स्थल त्यागी।।

दुखदायी फिर वहाँ भइ धायो।
हो रुद्ध और जुद्ध मचायो।।
जीत न सका ऋषियन सें हारा।
तिरहुत में पन लें सहारा।।

एक गुफा थी द्वादस जो जन।
वामें छुप रहया था खोजन।।
जहाँ कहीं ऋषियन को पावी।
कृपा दइ बहु दुंध मचावी।।

नैनन सों अंधा बह्मा तब हो निछोरा पाप।
देवादिक सब नरख की मन में लाई ताप।।

शंकर जी को कीं सहाय।
भेद भांत सों के बढ़ाय।।
कहि जब लों यह नास न होए।
जग में सुख सें रहि न कोय।।

जहाँ चहो तहो भूमि मिले।
शिवजी शिक्षा देवन चले।।
अति हैं कोपवान हुइ धाए।
भागा ढूँढ़ी सन्मुख पाए।।

जब समीप शंभू की आया।
मस्तक हुई आधन नवाया।।
शंकर भोलानाथ दयाला।
हुई आनंद भई कृपाला।।

कहि मांग बर जो मन भावे।
सकल मनोरथ पूर्ण पावे।।
और नहीं जाहों कछु आना।
मुँह दमक प्रभु कीजि स्थाना।।

वाकी बिनती सुनके वहि स्थल बिसराम।
प्रघट जग में हो गया अंधक ईश्वर नाम।।

शक्र जी की कथा।

दूज दधीच इक परम सयाना।
नीत पुनन अति ग्यान निधाना।।
चार पुत्र थी नीके वाके।
प्यारी प्राण समान पिताके।।

एक सुदर्शन उनमें रहियो।
ग्यानी जान तपानी बेटा।।
हम जावत हैं कोइ काजा।
तुम नित पूजो शिव महराजा।।

पिता कहि प्रमाण सो दर्शन।
करता था शिव जी की पूजन।।
एक रात पत्नी संग डोला।
भोला पर अत अश्नान वह भोला।।

क्या असोचिया सी वह पूजन।
तुरत बावला भया को महीन।।
बरी कष्ट में परा वह रोगी।
परम अशक्त भया वह भोगी।।

गौरी शंकर नाथ को फिर पूजी धर ध्यान।
पिता पुत्र स्तुत किए अपनी शक्ते प्रमान।।

शिवजी को पूजन मन भाए।
        गौरी माता भइ हरखाए।।
शिव गायत्री मंत्र सिखाए।
        क्षमा करी दुख दूर दुराए।।

कही हमारे पुत्र बनो तुम।
        नाम अपनो टबुक धरो तुम।।
तुम्हरी भेट जो करी सोई लो।
        जो पूजी वाको फल दइदो।।

चार टक लिए संग सुहाए।
        चार दिसा के बनी सहाए।।
शिव की सुत सम इनको जानो।
        अति फलदायक हैं पहचानो।।

मुँख जो इनके पूजा करें।
        ध्यान लगा निश्चय मन धरें।।
सब जग में धनवान कहावें।
        संपत संचत को सुख पावें।।

गिरधारी सुन बिकट को देवन भइ हि नाम।
मन सों सुमिरन कीजिए नित करई प्रनाम।।

सोमनाथ ईस्वर के कथा मल्लिकार्जुन का वर्णन।

सुनियो कथा दक्ष राजा की।
सत्ताईस थीं वाको की।।
चंद्र के संग सभों को प्याहा।
पति एक रोहिणी को चाहा।।

उन सबसी चित्त नाहीं लगाया।
एक ही सी बस नेह जमाया।।
दक्ष चंद्र को बुद्धि देनो।
बहु समझाई बार्ता कीनो।।

कहियो के तुम सम दृष्टि राखो।
सब सें रस आनन्द को चाखो।।
सुने अपनि लच्छन नहिं त्यागे।
वही अन्यायी कर्म में लागे।।

दक्ष क्रोध सी स्राप जो देना।
चंद्र भयो दुख पाई मिलेना।।
मन में सुख वाकी नहीं रहियो।
चहि याद हि सी रोगी हुयो।।

इंद्र देव सी चाखी चंद्र के मुंह बचाव।
श्री ब्रह्मा दिक ये चलो मेरो रोग दुराव।।

इन्द्र देव ब्रह्मा ढिग आए।
सकल चंद्र की बिथा सुनाए।।
कही उपाव बताव स्वामे।
इनकी प्राण बचाव स्वामे।।

ब्रह्मा कहि चंद्र को जाव।
बिन मैं शिव को ध्यान लगाव।।
पार्थ पूजन निश्चै धरो।
पंज अक्षर को नित जप करो।।

चंद्र उपदेश सी ब्रह्माजी के।
पार्थ लिंग बना माटी के।।
बिबिध भांत नितसों पूजा कीनी।
शिव प्रशन हुई दर्शन देनी।।

सगरी ब्याधी दूर दुराए।
जब सी सोमनाथ कहलाए।।
अग्निपुत्र जब पर्बत किए।
महादेवजी वहीं जा रहिए।।

वही मूर्ति को भयो मल्लिकार्जुन नाम।
वाकी सम दूजो नहीं पृथ्वी में कोई धाम।।

महाकलेशर का बर्णन।

बिर्‌हमन एक रह्‌यो अति ज्ञानी।
नगर रोहिणी में बस मानी।।
चार पुत्र थी वाके सुन्दर।
बेदशास्त्र बिद्‌या के सागर।।

एक दुखन था राक्षस पापी।
पराक्रमय था बड़ा प्रतापी।।
बहुत कष्ट और तप कीनो थो।
ब्रह्‌मा वाको बर दीनो थो।।

रतन माल गिरी गृह बर कीना।
बहु राजन को पीड़ा देना।।
नगर रोहिणी में भए आयो।
बहाँ के प्रजा को दिखायो।।

कहियो के मेरी सन्मुख आव।
मैं राजा हूँ सीस लिवाव।।
तुम मेरी आज्ञा में रहो।
मोकों अपना नृपत कहो।।

सब प्रजा मिल नगर के धाई ब्रह्‌मा पास।
कही बचाव दुष्ट सें आपहू की यहि आस।।

ब्रह्मा कहि शिवजी को पूजो।
उन बिन कोइ नहीं हइ दूजो।।
उन बिन कौन दुष्ट को मारिए।
उन बिन कौन दीन को तारिए।।

बिर्हमन सुन पूजन मन लायो।
होम हवन को साज सजायो।।
दुखन धाई धूम हो कीना।
सब पूजन को साहत चुना।।

अन्यायी अति दुंद मचायो।
उस बिर्हमन को सरस सतायो।।
तब श्री शंकर जी प्रगठाए।
वाको शिक्षा देवन धाए।।

कोप दृष्टि सों वाको मारो।
सब अभिमान नास कर डारो।।
हरखाई सब धन धन कहे।
निश्चिंता हुई सुख सें रहे।।

महाकालेशर नाम रख जग के दुख दुराए।
गिरधारी वहि नाम जप जासों मन सुख पाए।।

ओंकार नाथ की कथा।

एक समय नारद मुने सुनी।
रमत चली बिंधाचल पहुँची।।
बिंधाचल प्रथम अदर दीनो।
पाछी अपने बुराइ कीनो।।

कहा सृष्ट हों सब पर्बत में।
कोई अधिक नहीं ऊँचो मों सें।।
सब पर्बत को मैं हूँ राजा।
शिवकीनी में मोंह सरताजा।।

नारद कहि अस्त मत कहो।
ऊँचो बहु सुमेरहि लहो।।
बिंधाचल यह सुन अरखासें।
चित राखी शंकर लोचन में।।

ओंकार को पत्र पर लीखो।
लिंग के धिक धरलो जन कीनो।।
कृपासिंधु शिव दरस दिखाए।
वाकी पदवी सरब बढ़ाई।।

बिंधाचल शिव कृपा सों ना हुयो आकास समान।
ओंकार किए लिखी सें ओंकार पहचान।।

केदारनाथ को बर्णन।

बद्री जो कैलास निकट हइ।
वामें श्री बिष्णु इक समइ।।
चित शंकर पूजा में दीने।
और शिव मंत्र बहुत जप कीने।।

बहुत की शिवजी की पूजा।
उन सम कोइ न कीनो दूजा।।
अबला कहा दर्शन को किए।
संभू दयाला दरस जो दिए।।

कहि मुदित हुवि उन जो चाहो।
बिष्ण कहे बस यहीं बिराजो।।
सब पर कृपा दृष्टि राखी जे।
सगरी जग को दर्शन दीजे।।

शिव जी जो वाक्य दी है।
हुई दयाला वहीं पर रहै।।
वही केदारनाथ हैं जानो।
अधिक पुण्य स्थल पहचानो।।

अपनी गिरधरदास को शंभु दीन दयाल।
दर्सन दो इस धाम के दयावान कृपाल।।

भीमईश्वर की कथा।

जब श्री रामचंद्र महराजा।
धाई लंका लेवन काजा।।
रण में कुंभकर्ण को मारे।
राक्षस बहु रग्नाः संखारे।।

स्त्री उनकी स्थल त्यागे।
भीमपुत्र को संग ली भागे।।
लाल पर्बत पर डेरा डारे।
भीम हुयो जब जोधा भारे।।

कहा पिता को नाम बताव।
कौन बर्न थी मम समझाव।।
माता अपनी बिथा सुनाए।
नानूँ ठानूँ सकरू बतराए।।

सुन पुत्र इत कहा मैं इक दिन।
देवन को ताड़ूँगो गुण गुण।।
अपनी पिता को बदलाई हूँ।
देवादिक को शिक्षा देहूँ।।

यह इच्छा मन राख की कठिन तपशा कीन।
सूरज को नित अर्ग दी ब्रह्मा सो बर लीन।।

राजा अति बलवान कहाया।
सब प्रजा को बहुत सताया।।
जग को पीड़ा दिलवन लागा।
पाई न्याइ धरम सब त्यागा।।

गयो कामरद में जुद्ध कीनो।
वहाँ के नृपत को दुख दीनो।।
छीनो धन और संपत सारो।
वाकी भारी बंद में दाड़ो।।

वह शिव को पूजन करतो थो।
बुद्धि प्रमान अर्चन करतो थो।।
बंधु हैं निष्ठा नहीं त्यागा।
और सरस शिव पूजन लागा।।

ऋषी सब शंकर जी धिक आए।
अपनी सगरी बिथा सुनाए।।
कही भीम से हमें बचाव।
और राजा के बंद छुड़ाव।।

भीम जो यह सृनन किया गया बंदीगृह बीच।
कोपवान ठारयो यो कहा निदा करमें खीच।।

बहुत क्रोध से कहा के राजा।
किस को पूजत हो के काजा।।
राजा कही पार्थ पूजत हूँ।
शिव शंकर को ध्यान धरत हूँ।।

भीम कियो शंकर जी आवें।
हैं बलवान तो बल दिखरावें।।
मेरो संग लरत हैं कैसी।
तुम्हरो पक्ष करत हैं कैसी।।

अभिमाने अति कियो पुकारा।
करगट उठाई लिंग पर मारा।।
वही हैं शिवशंकर प्रकटाई।
वाको सब अभिमान मिटाई।।

भीम को जब शिवजी ने मारी।
स्तुत को सब देव पधारी।।
बिनती कीनी सीस नवाए।
हुई आनंद फूल बरखाए।।

सुनो दीन दयाल जी के जहां बिसराम।
तबसे जग में हो गयो भीम ईश्वर प्रभु नाम।।

कासी जी की महिमा और बलेशर और बसवेश्वर की कथा।

पुरुष स्त्री प्रथम जो जाए।
बास करन को हटावन न पाए।।
महादेव कासी बनवाए।
दोहन को तहाँ लाइ बसाए।।

दोऊ तपकीनी कासी मांहीं।
सरसी स्वेद चलियो उन माहीं।।
उसी बंधुसी सिंदु उमड़ा।
जारद सा जब वह जल घुमड़ा।।

सगरी जग में प्रलय आया।
कासी को शिव आप बचाया।।
रखा उसी त्रिसूल की ऊपर।
यह उपाय कीनी शिव शंकर।।

गिर्‍यो किरन सी मन वहां जानो।
मन करेगा नाम पहचानो।।
जग के मनके इच्छादायक।
पुनः धाम हि वह अति लायक।।

यूँ कासी प्रगट भई सब के तारन काज।
कीनी हैं उपकार यह शिवशंकर महराज।।

इक दिन शंभू दीन दयाला।
गौरी संग ले रछपाला।।
ब्रह्मा जी के निकट पधारे।
ब्रह्मा आदर कर बिठयारे।।

दोहन बीच बार्ता चले।
असत बात ब्रह्मा सी निकले।।
शंभु जी को कोप जो आयो।
पंचम सीसन हुनकर धायो।।

शिक्षा दी सत अस्त्र रहवी।
फिर कोई बात असत ना कहवी।।
सर शंभू की पाची लागा।
जहाँ गए पीछा नहीं त्यागा।।

सगरी तीर्थ शंभू नहाए।
गौरी सहित धाम सब धाए।।
जब कासी के मांही चले।
नदी तीर मुक्तेशर मिले।।

इनकी दरस होत हइ हि पाप सब नास।
बश्वेश्वर नरखाई के कीनी कासी बास।।

फिर सब रखी अचरज में रहे।
असत बात ब्रह्मा क्यों कहे।।
बोली सूत रखीं सें सुनिए।
एक समय ब्रह्मा मधु पिए।।

सरस्वती सी वाक्य जो कीनी।
आनंद मांहीं असत कह देनी।।
कोपवान सरस्वती जी भई।
ब्रह्मा जी को श्राप दे दीं।।

असत कहि हो मो सें साईं।
सदा कहो मिथ्या जग मांहीं।।
मिथ्या ब्रह्मा यही लग भाखी।
शिवजी उनके चित नहीं राखी।।

पंचम मुख सें बुरी कहोगे।
यूँ ही मिथ्यावादी रहोगे।।
मिथ्या बात बुरी ही भाए।
देवन को जब दोष लगाए।।

गिरधारी फिर वंश को कब रहवी गो मान।
कोई बैरी को न दे यह अवगुण भगवान।।

इक दिन श्री गौरी महराने।
शिवजी सें कोई यह माने।।
कछू कही महिमा कासी के।
पूरन अच्छा करी जी के।।

शिवजी कही धन हो प्यारी।
अप्रशन कीने अति प्रीत हमारी।।
मैं हरखाइ कहत हूँ सुने।
महिमा कासी के मन गिने।।

कासी में ही हमरो बासा।
वाको तुम जानो कैलासा।।
हम हैं प्राण अदेह ही कासी
हइ अद्भुत अंबा सी कासी।।

महा प्रलय जब जग में होवे।
यह हमरी त्रिसूल पर सोवे।।
हम वाको बचाइ राखत हैं।
धरत में भूम यह जब चाहत हैं।।

देवंश राक्षस मुने दैत और बेताल।
पशु पक्षी भिक्षक नृपत पापी और चंदाल।।

वामें जो बासा करती हैं।
अंतकाल में वहाँ मरती हैं।।
ब्याकुल हुई करवट लेवें जब।
हम उपदेश उसे देवें तब।।

दाहन करन जब ऊपर आवे।
हमरो मंत्र सुनी हरखावे।।
तब हम उसके सुध लेवत हैं।
अपनो दरस उसे देवत हैं।।

बिठ बवान चले आकासा।
हमरी निकट करत हइ बासा।।
आवागवन की दुखसें छूटें।
हमरो ध्यान रखें सुखलौटें।।

कासी गंगा तीर सुहावे।
ब्रह्मा बिष्ण हो की मन भावे।।
देव इंद्र और संकादिक सब।
हमरो भीत करत हैं वह जब।।

कासी बासा करत हैं हमरो चित धर ध्यान।
सब तीर्थ में श्रेष्ठ हि यह कैलास समान।।

एक रात्र जो वहाँ बस रही।
पाप दुरावी हि पुन्य कही।।
संधाकाल जो कासी रही।
अहो भाग वाकी सब कही।।

फिर श्री गौरी पूछन स्वामे
अब हो सके अंतरजामे।।
पूछत हों सो भेद बताव।
मेरी मन को भरम मिटाव।।

पापी पुण्यवान सम कैसी।
कासी में होवत हैं लेती।।
कैसी सब कैलास में जाए।
क्यों ऐसी पदवी हैं पाए।।

धर्म अधर्म समान लिखाया।
यह मेरी कछू समझ न आया।।
फल समान सब कैसी पावें।
पुण्यवान सब क्यों कहलावें।।

पापी कैसी जाएंगे सब कैसाल के मांह।
क्यों नहीं जम की दूत फिर उनकी खींचन मांह।।

शंकर कहि सुनियो महराने।
हैं जो भक्तिवान और ज्ञाने।।
वह तो उस मुक्ति पावत हैं।
सीधी परमधाम जावत हैं।।

पापी दुष्ट को हम जो चाहें।
और उसके रक्षा मन लावें।।
हो जावें जो दास हमारे।
इनकी काम बन आवें सारे।।

प्रथम हम अपनी भक्ति दीवें।
अपनी गुणकर मुक्ति दीवें।।
तीन प्रकार की भूक हैं जिनको।
वासी सुख और सोग हैं जिनको।।

कोई उस जनम की फल पावत हइ।
कोई इस जनम की करम फसत हइ।।
कोई प्रालाब्ध अंकोल लिखावी।
जो लेखाई बस वहि पावी।।

कासी की प्रताबतीं यह सब हैं मिट जाएँ।
धर्मी और अधर्मे सब पुण्यवान कहलाएं।।

गौतम रिखि.......

गौतम रिखि जो थी बहुनामे।
ज्ञानी ध्यानी और निस्कामे।।
इनकी बन के थी अर्धंगे।
पतिव्रता थी पति के संगे।।

दोनो ब्रह्मगिरी पर गए।
शिव जी की भक्ति चित्त दिए।।
इक सत बरस न बरखा बरसे।
प्रजा सकरी जल को तरसे।।

सब रखि जलबिन ब्याकुल भइ।
गौतम बर्ण की स्तुत की।।
बर्नदेव प्रशन हुई धाए।
गौतम रखी कौन दरस दिखाए।।

कही जो चाहो हमसी लीजिए।
गौतम कही जल कृपा कीजिए।।
कही यहीं तुम कुंड बनाव।
हमरी अग्या सी जल पाव।।

बर्न देव को कही ते कहनन की जब कुंद।
रखी सकरी आनंद हुई की कुंदपर झुंड।।

गौतम तार एक दिन खरे।
अपनी कुंद मांहीं जल भरे।।
ऋषियन की तपनी तहां धाएँ।
बहुत लरें वह शोर मचाएं।।

सब ऋषियन जाइ बताए।
बहुत अहल्या हमें सताए।।
रखी श्री गणपत ढिग आए।
उनकी पूजन कर हरखाए।।

कही गौतम को पीड़ा दीजिए।
यह बिनती हमरी सुन लीजिए।।
श्री गणपत रखें सी कहिए।
तुम गौतम कृपा सें रहिए।।

उनसी बैरभाव मत धरलो।
उनका तुम उपकार न बिसरयो।।
नहीं मानी पगपर सर देनी।
तब गणपत उपाव यह कीनी।।

श्री गणपतजी घात कर उन ऋषियन के हेत।
छीन गोबन खा गई गौतम रखी को खेत।।

गौतम एक कुसाली धाए।
औार वग गौ को दूर दुराए।।
भूम गिर गो प्राण गंवाए।
गौतम जिसको दोष लगाए।।

ऋषि सब कहे पाप को हरलागो।
ब्रह्मगिरी सी बाहर भागो।।
इस स्थल को छांदो जाव।
कोई उपाइ सी दोष मिटाव।।

गौतम रिखि बनमें जा बसी।
चिंता किए फंदी में फसी।।
बन में रही कछू बिन नहीं आए।
जब नहीं दरसा कोइ सहाए।।

फिर ऋषियन से जाकर कही।
हम पर अलसध सी दोषी रही।।
कैसी दोषमिटी भरम भाए।
सब मिलकर कछु कहवा पाए।।

गौतम सी सब रिखी कही पार्थकूट बनाव।
शिवशंकर को ध्यान धर गंगा जाइ नहाव।।

गौतम रिखी जीव ऋषि रखे।

शिव जी की पूजन में रहे।।

शंभु दयाला दरस दिखाइ।

गौतम रखी टोह सीस नवाए।।

कही स्वामी मम दोष दुराव।

गोहिता सी मोहीं बचाव।।

शंकर जी बोली मत डरो।

मनमें दुख चिंता मत करो।।

तुमतो कछूइ दोष न कीनी।

पापी ऋषि हैं पड़ा दीनी।।

गौतम कही करो मुंह चंगा।

कृपा करो तो नहावन गंगा।।

जब शंकरजी जटा छुराए।

श्री गंगा जीको प्रगटाए।।

गौतम कहि गंगा महराने।

सरब काल रह यह असहाने।।

ऋषियन पाप निवारण और गौ की तारन काज।

वहां गंगा प्रघट हैं और शंकर महराज।।

ऋषि सब शिव दर्शन को आए।
अपनो दोष निवारण धाए।।
शंकर जी की दर्शन करे।
कर जोरी और पायन परे।।

कही गंगा नहीं स्थल वही।
हमरो दोष निवारण रही।।
शिवजी कहे यह कैसी होवे।
एक ठोर बासा नहीं सोहे।।

गंगा हैं त्रिलोक की राने।
कैसी रहीं एक अस्थाने।।
ऋषि कही जो कृपा करें।
सरब काल को आया करें।।

तब सी गंगा तहां आवत हैं।
और शंभुजे भी धावत हैं।।
त्रिबकनाथ नाम वहाँ धारी।
सकल जगत की पाप निवारी।।

गिरधारी इस धाम नें दोस होत हैं नास।
श्री गंगा और शिव को धाइ करत हैं बास।।

गूलर बिरछ सी निकसे गंगा।
गौतम गावन करी उमंगा।।
श्री गंगा अस्नान के कारण।
धाई वह ऋषि अदोष निवारण।।

गंगा जी अलोप हो रखीं।
ऋषियन तारन को नहीं हैं।।
कहन यह मैं अपराधी भारे।
जानी इनके कुबुद्धि सियारे।।

यह गौतम उपकार सारे।
सगरी दुष्ट हैं और हतारे।।
इक सत एक बार यह जावें।
ब्रह्मगिरी को दर्शन पावें।।

वाफल सी जब दोष निवारा।
होवीगो इनको निस तारा।।
ऋषि आज्ञा पर मानि गए।
ब्रह्मगिरी की दर्शन लिए।।

तब गंगा जी सी सेवक्शा व्रथ भर पूर।
और इन दोषी रखन के पाप हुइ सब दूर।।

बंदनातीशर की कथा।

रावण था जो जगत बखाना।
धिक कैलास के क्या ठिकाना।।
बिबिध भांत के जप तप कीनो।
पार्थ पूजन में मन दीनो।।

बुद्धि पूर्बक होम जुराया।
पार्थ पर नव सीस चढ़ाया।।
दसम सीस जब कायन चाहा।
शिव हरखाइ सरस कहि आया।।

अति प्रशन हुई दरस दिखाए।
कटी हुई सब सीस जमाए।।
वासी सर खर भेट न देवे।
जो राखी इच्छा बर लेवे।।

रावन कियो करो बल धारे।
मुझी बनाव जोधा भारे।।
चक्रवर्ते राजा बन जावन।
संचित संपत को फल पावन।।

सरब काल नृपत रहों जगमें अति बलवान।
हारी जो मोसों लरी जीतू सकल जहान।।

जब शिवजी वाको बर देनी।
और इच्छा सब लोरन कीनी।।
देवादिक चिंता में परे।
अति हैं ब्याकुल हइ और डरे।।

तब नारद जी वहां पर धाए।
धाढस दी दरस दिखराए।।
नारद मुनि रावण घर गए।
रावण उनको आदर दिए।।

कहा के मुझ पर शिव कृपा हइ।
बर देनी हैं बड़ी दया हइ।।
जो चाहूँ सो अब मैं करूँ।
पृथ्वी को आकास पर धरूँ।।

मोकों शंकर दरस दी हैं।
मेरी कारण सें रही हैं।।

नन्दाथेशर हो गयो सकल जगत में नाम।
कृपासिंधु मेरी कही कही यहीं बिसराम।।

नारद कहि के शिव हैं भोले।
भंग के लहर में होंके बोले।।
कैसो बल देनी देखराव।
तुम सर पर कैलास उठाव।।

तब सत मानो हैं यह बाता।
और समझूँ शिव जी को दाता।।
रावन सुन अरखा हो कहाया।
तुरत हीं उठ कैलास उठाया।।

संभुजे बहु कोप में आए।
बर जो देनी थी पछताए।।
कही हमन को बल दिखराया।
हमरो यह कैलास उठाया।।

अति पाई ही और अज्ञाने ।
ह्रष्ट हइ और अभिमाने।।
याको हम अभिमान मिटावें।
ऐसी बैरी को उपजावें।

जो इसको बल हैं कर मारी दस सर काट।
तब इसको मिट जाइगो जगमें सगरु हाट।।

दारक इक राक्षस था जानो।
तासी दारक पत्नी बिछानो।।
दोऊ अधर्मी थी अन्याये।
रिशि मुनि के पीड़ा दाये।।

चौंसट कोस थे जिनके नगरी।
.... उपाधी सी थी सकरी।।
रिखीं को पीड़ा देवन थी।
प्रान......... लेवन थी।।

उद्दृत सी के स्थल रहे।
रिशियन से पवन उदित कहे।।
हमरी धिक राक्षस नहिं आवें।
आवें तो बहु शिक्षा पावें।।

रिशि................ किए।
होम हों जग और पूजा किए।।
....
असुरन ताड़ी मकरी छीने।।

.... गे रखें सी हार।
दारक पत्नी.......... ताही बिन पूहार।।

सब असुरन के सन्मुख रहे।
अति अभिमान करि और कहे।।
मैं हूँ श्रे गौरी के दासी।
मेरी नगरी ही अंबा सुनी।।

उनकी बरसी जहां जावन।
अपनी नगरी को ले जावन।।
मन में कछू चिंता मत करो।
मेरी संग चलो मत डरो।।

यह कह फिर समुंदर में गए।
जल में बस अति नरहि बहे।।
जो जहाज़ पर जाते आते।
इनको पकड़ असुर ले जाते।।

सो हरि नाम इक बंद हैं आता।
वह सबको पूजा सिखराता।।
मानुस पूजा मन सों किए।
शंकर की भक्ति चित्त रहिए।।

दारक ने जो यह सुना बंद में बहु मिलजाए।
पूछा पूजत हो कैसी मो करियो बनाए।।

सुरभी से गणपत उत्तर दिया।
कहा के .... नहीं पूजा किया।।

...........................।
पथरन के .... साया।।

जब ....।
...............................।।

दारक भी सों पग पर गिरा।
सीस नवाया अस्तुत करा।।

शिवजी सांत भइ तब मन से।
कृपा कर लिवे असुरन से।।
छोड़ो कुबुद्धि ग्यान बिचारो।
दिया धर्म भक्ति मन धारो।।

असुरन को यह बात न भाइ।
श्री गौरी को की सहाइ।।
गौरी कहि कोप नहीं कीजी।
दूजी जग में शिक्षा देनी।।

गौरी जी............... शंभु दीन दयाल।
लिंग भए नागेस का... थरी वहीं कृपाल।।

श्रे राम चंदर महराजा।
छाइ लंका लेवन काजा।।
चली.......... निकट जब गए।
...........................।।

........................।
वहीं भालू को लिंग न्याइ।।
शंकर जी को ध्यान लगाइ।
बिन पूजा मिल कैसी होवे।।

नित नियम बिन किए कम जिवें।
प्रशन हुवि सुदर्शन देवी।।
तुरतहि रघुनाथ बार्ता कीनी।
कहि असुरन सी जाइ लरत हों।।

अग्या देवतो जुद्ध करत हों।
शंभु कहि चिंता मत करो।।
रावन को मारो गी लरो।
...........................।।

वही लिंग को जगत में रामेश्वर हि नाम।
गिरधारी दुरस्त हैं दो .... नाम।।

इक दूज धनी रह्यो अति नीको।
पुत्र नहीं वाकी पत्नी को।।
संत को कुछ सुख नहीं जानियो।
सकरी सुख कौन दुख सम मानियो।।

जिस घर में नहीं पुत्र ऊजारा।
सो दीपक सों रही अंधारा।।
पत्नी कही कुछ करो उपाय।
जो अपुत्र दोषक मिट जाय।।

पति दो फूल लिंग पर राखा।
लावी फूल नारी सी भाखा।।
जब पति वह भूल के आए।
चुन जो सब समझाए सुनाए।।

नही हरलो पुत्र भाग में मेरे।
बसकर व्रथ उपाव गंभीरे।।
दुखत हइ कर हि निरासा।
रुदन करी और रही उदासा।।

पति सी के .... ने तुम अब दूजो करो बिवाह।
पुत्रों तुम तो रहो मेरी हि यहि चाह।।

जब दूज दूसर ब्याह ही कीना।
नारी सौभाग्य सो मुहीनन लीना।।
पति की सेवा करनी लागे।
शिव की पूजा में मन लागे।।

नित पार्थ बताइ गइ अर्चन।
बुद्धि पूर्बक करी विसर्जन।।
शंभु जे वापर कृपा कर।
पुत्र दी नीको इक सुंदर।।

इसके यहि जब लगन लगाई।
अति आनंद भई हरखाई।।
सौकन को भायो नहीं यह सुख।
मन में राखत तहि अति हैं दुख।।

एक रात्र उस सपुत को मारे।
करी घात पाई हतियारे।।
अरुण उदय जब हुआ सवेरा।
बहमन के कर हिया अंधेरा।।

हाहा कारे मचाइ के रुदन किये सब लोग।
शिव अर्चन में लेंगे माता करी न सोग।।

कहि के जो शिव की अच्छाइ।
किसको पुत्र जगत महत्य हइ।।
शंकर पूजन में चित धाइ।
कुंदपे जाइ विसर्जन करइ।।

जल .... पाए।
ना...................... कहाए।।
............................।
.... वाकी डिरहताए।।

वाको अपनो दरस दिखाए।
कही कहाँ हइ सौकन मेरी।।
पापी दुष्ट हइ सीरन मरी।
वाको मैं शिक्षा देवत हूँ।।

मार त्रिसूल प्राण लेवत हूँ।
वह ग्यानी कही क्षमा करीजे।।
बस कृपा कर यहीं रहीजे।
........................।।

शंभु दीन दयाल जे रही उसी अस्थान।
वहि लिंग दसमेस है जानत सकल जहान।।

नरसिंग अवतार की कथा।

सूत कहे सुनि रिशि राजन।
नरहरि लें जनम जग तारन।।
जी और बजी दो थे नामी थे।
हरी के द्वारपाल निश्कामे।।

.... जवाए।
बिष्णु दर्शन कारण धाए।।
वह भीतर जावन...........।
बिष्णु हैं.................. कहे।।

दुखी की संकादिक मन को।
वहीं...................... को।।
तुम बिष्णु सी दूर हो गए।
दोण करी........... हो गए।।

दुखी हमरो फिर उद्धारा।
कब होगा कहे निस्तारा।।
तीन जनम तुम जब दुख होगो।
तब बिष्णु को दर्शन होगो।।

राखो बैर जो बिष्णु सी तब बन आवे काज।
तीन जनम में फिर मिलें श्री बिष्णु महराज।।

बोले हम मेरी हो देंगे।
फिर बिष्णु सी जाइ मिलेंगे।।
उपजी कशब के घर जाए।
हिरन कशब राक्षस भए।।

फिर भई कुंभकर्ण और रावण।
राम पधारी जिनके तारण।।
फिर यहि बकर सुपाला।
जिनको तारी कृष्ण गोपाला।।

अब सुनो हिरनाक्ष किए बातें।
क्या बल दिखराया कर खातें।।
पृथ्वी को लिपटली भागा।
कछा पताल में अपनी जागा।।

धर बाराह रूप नारायन।
गई पताल जुद्ध के कारन।।
बरस पांच सत यहि लराए।
जब पृथ्वी फिर ऊपर आए।।

हिरणकशब का अब सुनो कर्ता बनूं मुखियास।
वासम कीनी दो सरूप.....................।।

कष्ट उठाया जटा बढ़ाया।
　　　　की सत बरस उन नहीं खाया।।
कही ब्रह्मा कीनो तप काही।
　　　　बर देवत हूँ जो तू चाही।।

कहा मनुष राक्षस और भूत।
　　　　पशु पक्षी पिशाच और भूत।।
पृथ्वी और आकास कोइ थाहीं।
　　　　प्रात सांझ निस दिन के मांहीं।।

मोको पीड़ा कोइ न देवे।
　　　　किसी शस्त्र सी प्राण न लेवे।।
मैं निर्भइ सब जग में चहूँ।
　　　　चक्रवर्ते राजा भइ करूँ।।

ऐसो ब्रह्मासी बर पाया।
　　　　जग में बड़ा बर बल कहलाया।।
सब वाकी अज्ञा में आए।
　　　　दुख होगी कोइ सुख न पाए।।

वाकी घर में सत भया सो ज्ञानी फलाद।
जिसको भगवत ने दिया न्यायी धरम मरजाद।।

जब वह बातें करने लागा।
हरि को सुमिरन मन मन्हे लागा।।
मात पिता निपटसाल ठाए।
गौरोधिक बिद्‌या पर मन भाए।।

वह रसना सी दूजो अक्षर।
नारायण बिन कहा न दिन भर।।
लरकन को भी यहि सिखलाया।
नारायन के रटन लगाया।।

हारा गौर व पिता सी कहा।
यहि नहीं सीखत मूरख रहा।।
हमरो कहो नहीं मानत हइ।
इक नारायण को जानत हइ।।

साथिन को बोला समझाव।
इसको यह अभिमान छुराव।।
जब इन्हों के यहि नहीं सुना।
पिता क्रोध कर फिर सर धना।।

लेंगी भूत छाइ के वाकीं विनती डाल।
नारायण कृपा भइ वाको जुरो न बाल।।

फिर थक धनुष बाण हो मारो।
जुद्ध भांत पीड़ा दी हारो।।
पिता थका और निकट बुलाया।
मीठी बातन कर समझाया।।

कहा माल धन संपत राखो।
नारायण को नाम न भाखो।।
जब वह राम नाम नहीं छांडा।
पिता कोपसीं करी खांडा।।

कहा कहाँ हइ राम तुम्हारा।
अहो राम फलाद पुकारा।।
कहा पृथ्वी आकास वही है।
नरख दूर और पास वही है।।

तुझमें मुझमें कहं खरग में।
नारायण ही भरोहि जग में।।
यह सुन खरग खंब पर मारा।
प्रघट हुयो नरसिंग अवतारा।।

फटियो खंब भगवान तब अगर रूप कर धाई।
हर नाकस को मारकी ले फलाद बचाई।।

उधोधर थो मंख को जानो।
कर और वक्तर सिंघ को जानो।।
रूप भया नक जब प्रभोद नारे।
अपनी जंघना खीच पछारे।।

नखन दंत सी फाड़ी काटे।
.................................।।
मारी पर भई शांत न भए।
देवादि कांपी डर गए।।

मुख सों ज्वाला निकसन लागे।
.................................।।
देवादिक फलाद हो आए।
बहु बिनती कर सीस नवाए।।

राजगद्दी फलाद को दिए।
कहि पुत्र हम आनन्द भए।।
श्री गणपत दर्शन को धाए।
तबहों अधिक नहीं हरखाए।।

महादेवजी गडर बन प्रभु निकट जब धाई।
गुप्त भइ फिर शांत हुई दृष्टि में नहीं आई।।

राजा बल की कथा।

एक भील था बिंधाचल पर।
पतिव्रता पत्नी को लेकर।।
रहतो थो इक कविता मांहीं।
इक दिन आयो कवि गोसाई।।

....
एक रात में करि हों मासा।।
देवादिक कांपी डर साया।
आपको ले की बाहर आया।।

...................।
संघ ईके भील को मारा।।
प्रात समय पत्नी जो जागे।
देखी पति को रुदन लागे।।

शंभु दयाला कृपा कीने।
और वाको ऐसो बर दीने।।
तेरो पति अब जनम जो पावे।
जग में राजा बल कहलावे।।

तू रानी इसके बनी हमरो बर प्रमान।
ऊपर ही तेरो पति रही धर्मवान धनवान।।

पांडु जब संपत सब हारे।
उनको कौरवन देस निकारे।।
जाइ किसी इक बन में परी।
और सूरज के पूजन करी।।

एक पात्र उन ऐसो पाए।
जासी जोक कर हरखाए।।
कौरवन को यह बात न भाए।
बैरसों कीनो और बतराए।।

दुर्बासा को कही के जाव।
पांडुवन के ढिक भोजन पाव।।
वह समझी वहां क्या हइ जो देंगे।
श्राप बिना ऋषि सी क्या लेंगे।।

जब दुर्बासा ऋषि वहां धाए।
पांडु हरि का ध्यान लगाए।।
श्री भगवान आप वहां आए।
सब भोजन को साज रचाए।।

जब चहन प्रकार की वह ऋषि भोजन पाए।
अपनी स्थल को गई सन्तों सी हरखाए।।

कहि जुधिष्टिर हि भगवाना।
कृपा करिए कर मांधाना।।
कौरवन हमें हैं पीड़ा देनी।
हमरी सकरी संपत छीनी।।

कछुक नाथ अब कहो उपाए।
जासो यह संकट छुट जाए।।
कही भगवान पार्थो पूजो।
और उपाइ नहीं हइ दूजो।।

वाकी फल सब काम आवें।
गयो राज तुमको मिल जावे।।
वहि समै जो ब्यास जी आए।
राजा अपनी बिथा सुनाए।।

सुन कहे ज्ञानवान हो राजा।
सब ज्ञानन के हो सरताजा।।
दुख-सुख को तुम सम कर माने।
सोग-भोग को एकही जाने।।

फिर अर्जुन जी सी कही लरकी अज्ञान।
पार्थ की पूजा करो शिवजी को धर ध्यान।।

और इंद्र जो की धिक जाव।
उनसी पूछो कछूऊ पाव।।
उनसी तुम्हरो काज बनीगो।
जो करी हो राज मिलीगो।।

फिर सब पूजा बिधि बताए।
एक अनूठो मंत्र सिखाए।।
उसकी सिद्धी जो कोई करे।
काहू के दृष्टि नहीं परे।।

अर्जुन छांद सबको जो गए।
सकल बंधु दुखियारी भए।।
परी जुधिष्ठिर चिंता मांहीं।
कही अर्जुन के टोइ बांहीं।।

दुर्जोधन सब संपत लूटा।
घर छूटा था बरात हो छूटा।।
कबलूँ जग में यूँ दुख हरें।
इस दुख उपाव क्या करें।।

राजाधिक श्रीबनाएं जे धाइ दूजी मार।
कही के मन धीरज धरो बेड़ा हो को पार।।

फिर हरचंद की कथा सुनाए।
बहुत जुधिष्ठिर को समझाए।।
कही के बिगरे बन जात है।
दुख के पीछी सुख आवत है।।

दुख सुख सदा काल नहीं रहवे।
सुख भोगी गो जो दुख नहोवे।।
उत तो अर्जुन यहि तप कीने।
बुद्धि पूर्बक जो चित कीने।।

इंद्र देव बहु आनंद भए।
अर्जुन सी हरखाई कहे।।
सिद्ध हुवी को काज तुम्हारो।
उस मिलिए गो राज तुम्हारो।।

करो बशेशर नाथ के पूजा।
उन बिन कोइ नहीं हइ दूजा।।
दूजो कोइ उपाइ न समझो।
उन बिन कोइ सहाइ न समझो।।

इंद्र देव जैसी कहि सब वाही प्रमान।
अर्जुन जे पूजा किए सभो को धर ध्यान।।

इंद्र देव जो यूँ बर दिए।।
अर्जुन पर शिव प्रशन भए।।
यह कौरवन को भले न लागे।
समझी अब होंगे बढ़ भागे।।

मूक दैत को तुरत बुलाए।
अर्जुन के मारन भिजवाए।।
वह सूकर को रूप धर आयो।
पृथ्वी और आकास हिलायो।।

अर्जुन पहले अति भइ माने।
दुर्जोधन को सहजा जाने।।
फिर शंकर रक्षा की बल सों।
मारी बाण एक ओझल सों।।

शंभू जे भी बाण चलाए।
अर्जुन के रक्षा को धाए।।
राक्षस की सब छाती फूटे।
इक इक अस्ति तन की टूटे।।

वाकी देनी तोरकर गिरियो भूम पर तीर।
राक्षस को सब मिल गयो माटी मांह सरीर।।

अर्जुन बाण धूंडो बन कीनी।
उधर सी शिवाजी की गुण कीनी।।
दोनों एक बाट में चलिए।
धूंड इक इक सी को पाए।।

अर्जुन को गण बाण उठाया।
अर्जुन कोप किया और धाया।।
कहा क्रोध सी बाण न छूवे।
बाण जो छूवी कभी न जीवे।।

गण बोला यह बाण हइ किसको।
पृथ्वी और आकास हइ जिसको।।
शंभू को ली चल पहुँचाव।
उनके दास बनो फल पाव।।

वह बलवान हैं बल मत करो।
मानो उनसी छल मत करो।।
अर्जुन कही के मैं नहीं जानूँ।
मुझसी जुद्ध करें जब जानूँ।।

गण शिव जी सी जा कही अर्जुन को अभिमान।
और फटाई एक गण अर्जुन जान अन्जान।।

गण शिवजी का दिया संदेसा।
कहा तुम्हीं लायक नहीं ऐसा।।
हमरो बाण हमको दीजिए।
फिर अभिमान के बात न कीजिए।।

अर्जुन नी फिर भय नहीं मिलना।
अभिमान हूकी बचन बखाना।।
शंभु उतर सुनकर धाए।
...... आप अर्जुन के आए।।

अर्जुन दो अधिक पकड़ उथाया।
शिव को अपनी सरीर लाया।।
पग परसि शंभु तभी पर कहे।
अपनो दास जान अति हर कहे।।

वही क्षण रूप अनूप दिखाए।
अर्जुन गिर पगपर पछताए।।
कही चूक भइ क्षमा करीजी।
दीन जान कर दया करीजी।।

शंभु दयाला हरख के जब देनी बरदान।
इच्छा पूरन करेंगे श्री बिष्णु भगवान।।

सूत सी पूछी सब ऋषियन ने।
कैसी पूजा की अर्जुन ने।।
कही के प्रात की अश्नाना।
प्रथम ध्यान राखी भगवाना।।

दूवादस दूवार लगाई टीका।
सुमिरन कर फिर सत गौर जीका।।
पहले गौरव मंत्र अपारे।
फिर शंभु पूजन चित धारे।।

और शिव मंत्र जपी नचूँ धर।
सूरज अरक दी अरघा भर।।
श्री गणपत गौरी को धाए।
धूप दीप नैवेद्‌य चढ़ाए।।

अक्षत फूल लिंग पर धरे।
सीस नवाए अस्तुत करे।।
षष्ट मास ऐसी पूजा कीने।
परमार्थ पर पंज फल लीने।।

ब्रह्मन किए पूजा किए लेनी आसिर्वाद।
पूजन में अति हैं रखी स्वच्छा और मर्जाद।।

कृष्ण जी का महादेव ....

मथुरा में जब कृष्ण सिधारे।
जाई कंस राजा को मारे।।
संदीपन घर बिद्या पढ़े।
असुरनसी नाना बुद्धि लरे।।

और मुचकुंद ऋषि को लाए।
इक दिन रेवतगिरि पर धाए।।
वहां इक ऋषि सिद्ध को पाए।
शिव पूजा में मन लगाए।।

वासी शिव अर्चन सुन लेन्हा।
आपहु शिव पूजन में देना।।
सरस दूब और फूल चढ़ाए।
सात महीनी ध्यान लगाए।।

फूलन की जो ढेर लगाई।
वासी शिवशंकर पर घटाई।।
कृष्ण कहे हम बहुत दरत हैं।
दुष्टन मारन कष्ट करत हैं।।

शिव कही तुम्हरी जीत हइ चिंता को क्या काम।
तब सी शिवजी को हुयो वहां बलेशर नाम।।

एक समय राक्षस बल पाए।
देवादिक को बहुत सताए।।
सकल देव बिष्णु ढिग जागे
अपनी अपने बपता सुनाए।।

बिष्णु आप गए कैलासा।
की तपशा कारण बासा।।
शिव पूजन कर होम चढ़ाए।
सहस नाम पढ़ फूल चढ़ाए।।

सहस फूल पूजन में रही।
शंभुनाथ परीक्षा चही।।
एक फूल जो कम कर देव।
बिष्णु नैन कंवल कर लेव।।

अपनी अंग से काड़ चढ़ावें।
जग में अपनो नाम बढ़ावें।।
इसी समय शिवजी हरखाए।
हुई आनंद दरस दिखराए।।

दी सुदर्शन चक्र को रखी बिष्णु महाराज।
कष्ट समय में एको यह रक्षा की काज।।

इसको रखो पास तुम अपनी।
शत्रु करो नास तुम अपनी।।
सब पिटरा को यह टारेगो।
तुम्हरी बैरी को मारेगो।।

सब जग के तुम रक्षा करो।
इसको अपनी निकट ही धरो।।
और सहस नाम हमरी जपो।
वाकी फल सी जग में तपो।।

एक सत बार पाट जो करे।
कवी नृपत सी नहीं डरे।।
प्रात समय में जो जप किया।
सुखी रही वह जब कौन जिया।।

मुक्ति पाई बैकुंठ सिधारे।
जग में अपनो जनम सुधारे।।
फिर कहि बिष्ण यह कृपा कीजे।
कष्ट समय मोहं दर्शन दीजे।।

कहि तुम हमरी भक्त हो जग में पावद नाम।
जो तुम्हरी भक्ति करी पावी धन अव धाम।।

शिवरात्रि के ब्रत का बरनन।

ब्रह्मा बिष्णु शिव सी कही।
बरत कौनसा तुम्हरो उन्ही।।
कही ब्रत हइ मम शिबरात्रे।
सब सी अधिक मुक्ते के दात्रे।।

चार बर्ण कोइ अधिकारा।
करी यह ब्रत सकल संसारा।।
वाकी प्रात करी अश्नाना।
और धरी शंभु को ध्याना।।

फिर तुम सायंकाल उन्हाव।
पार्थ पूजो ध्यान लगाव।।
रसना सों शिव मंत्र उचारो।
शिव लीलासन के चित धारो।।

अक्षत कर अभिषेक चढ़ाव।
धूप दीप नैवेद्य लगाव।।
चार पहर यूँ पूजन करो।
नूतन पहर पहर सा हित धरो।।

चार बार पूजन करो जागो सकरी रात।
दूजी दिन भोजन करो ब्रह्म भोजकर प्रात।।

चौदस जो हर मास के आवे।
एक बरस यह ब्रत उठावे।।
उसका अध्यापन यूँ करी।
चौदा कलस चौक पर धरो।।

निर्मल जल एक एक में दारो।
अवजल वस्त्र कलस पर धारो।।
जुदा जुदा फिस सीट चढ़ावी।
रूपी के दीपक जगवावी।।

प्रतिमा सोई की हों सुंदर।
जा मैं हुवें गौरी और शंकर।।
चौदा प्रतिमा की कर पूजन।
शक्ति प्रमाण जमावी बिरूहमन।।

दान धर्म जो चाही करी।
जिनमें शिव की निष्ठा धरी।।
अस्तुत करी और सीस नवावे।
संतत संपत को फल पावे।।

अध्यापन जो नर करी ऐसो जग के मांहीं।
वाको कोई जनम में सराको भइ तांहीं।।

एक भील था बहु अन्यायी।
पशु पक्षिन को पिटरा दायी।।
इक उजड़ी बन मांही बसा था।
शिवरात्रि के दिन जो निकसा था।।

चला पशु मारन के कारण।
जासों उद्दर भरी कुरु रण।।
बेल बृक्ष को जल धिक देखो।
वापर आस लगाकर फेकियो।।

इक मृगनी जल पीवन आए।
मारन को उतरा अन्याए।।
ब्रछ तरी कोइ पशु के खरुसो।
लिंग एक मोको दरसो।।

जब कूदा तब पात जो झड़े।
अनायास उस लिंग पे पड़े।।
मृगनी भील के मन के जाने।
कहि तेरी इच्छा पहचाने।।

यह देहि किस काम के की हुइ हि एक दिन नास।
मार भक्षस करी मुझी ही रखी हों आस।।

बार्ता बहुत ज्ञान की कीनी।
फिर सौगंद भील को देनी।।
कहि के इक क्षण धीरज धरी।
ब्याकुल हैं यह मेरी बहरी।।

इनको सोंपत हूँ भगिनी को।
फिर आवत हूँ तुरत हैं इनको।।
वह गई वाकी भगिनी आइ।
वह भी वहीं जल पीवन धाइ।।

फिर कूदा वह भील जो झटसी।
उसके मिल चल घबराहट सी।।
वैसे ही पात बेल के झरे।
उसी लिंग के ऊपर परे।।

वह भी करी भील सें बाता।
चिलमें नहीं कुछ वाके घाता।।
अर्ध रात बातन में गए।
चली बचन दी अज्ञाए।।

मृग मृगनी की खोज में आयो फिर वहि ठोर।
भील जो नरखा मृग को अछुरा तरुन सी दूर।।

वह जब कूदा था फिर तयकर।
पात गिरी थी लिंग की ऊपर।।
मृग ने भी वैसी ही समझाया।
वाकी फंदी में नहीं आया।।

बचन हार अपनी घर डोला।
मृगनी सी सब बीती बोला।।
सतवादी थी तीनों बरे।
बिछरन को भी मृग धिग धरे।।

सन्मुख भील के आइ ठारे।
बोली सत है बचन हमारे।।
उतरा भील अति अचरज किया।
दिया छोर उनको पुन लिया।।

उतरत पात जो लिंग पे परे।
शंभुवा पर कृपा करे।।
कहि के तू सकरी निस जागा।
हमरे भी न पूजा नागा।।

चार बार पूजा किया कभी न तीरद नास।
कुटुम सहित तू जाइगा अंत समय कैलास।।

एक बपराती ज्ञानी छीनो।
वाको दोस्त प्रभुनी दीने।।
एक आज्ञा में रहा सुलक्षण।
दूजो निकसा चोर कुलक्षण।।

कोऊ बहु पति उस ब्रह्मन को।
भूखन गण दिया सहज राखन को।।
वह अपनी स्त्री को दिया।
उसका कुपुत्र ने चोरी किया।।

वशी था सबहू गुन लीनो।
इक कंगन वाको दीनो।।
वह कहीं राजसभा में आए।
कंगन पेनी हात नचाए।।

राजा ने देखरा के गहना।
बिर्‌हमन जोकू दिया उरहना।।
कहा तुम्हारो पुत्र कुलक्षण।
चोरी कीना हमरी भूखन।।

पुत्र को शिक्षा दीजी कही कछू उपाव।
जो जो भूखन लेगी सो हमरी सब लाव।।

बिर्हमन जा स्त्री सी कहा।
भूखन जो राखा था चहा।।
चोरी सुन अते किया पुकारा।
घर सी बाहर पुत्र निकारा।।

शिवरात्रि उपास का था दिन।
भूखा निकसा घर सी थी क्षण।।
सगरी दिन छेंदसन भरमाया।
रात एक शिव मंदिर में धाया।।

वहां बिर्हमन पूजन करती थी।
शिवजी को अर्चन करती थी।।
सकल रात्र तहां दीप जराया।
और पूजा की वस्तु चुराया।।

बिर्हमन निद्रासी जो जागे।
वाको पकरे तारन लागे।।
शिवजी को गुणई नचाए।
पहुँची जमके दूत छुराए।।

जागरन के फल सी भए शिवजी कृपावान।
राजा पद वाको दी भक्त अपनो जान।।

सूतजी का रिशियन से महादेवजी के पूजा का महात्म बर्णन करना :

फिर कहि सूत सुनो रखि राजा।
शिव की महिमा ही सुख साजा।।
पराक्रम उनकी जग जाने।
जग करता हैं जगत बखाने।।

देवादिक सत इनको मानें।
उनका मर्म कछू नहीं जानें।।
वही हैं सब जग के कर्तारा।
निस सरूप में निराकारा।।

सब में हैं व्यापक सब ठाईं।
उनकी सम दूजो कोइ नाहीं।।
उनही किए ही जग में आसा।
क्रोध सी उनकी हुई ही नासा।।

वही जगत के दुख दुरावें।
वही सकल पिटरा निसरावें।।
उन बिन कोइ सहाइ न जानो।
उन बिन काहू को मत मानो।।

निस दिन इनके चरन को ध्यान धरो चित लाइ।
सकरो दुख निवार के दो जग में सुख पाइ।।

सूत सों कहे रखेशर स्वामे।
आप दया सिंधु हैं नामे।।
हमपर अति उपकार किए हो।
हमको बहुत उपदेश दिए हो।।

ब्रह्मा बिष्ण महेस हैं सुनों।
इनमें कौन अधिक पद लीनो।।
इनमें निर्गुण किनको मानें।
किसको कर्ता जग को जानें।।

कहि निर्गुण हइ जन जग कीना।
देह में सबके प्राण ही दीना।।
वहि ब्रह्मा वहि बिष्ण ही जानो।
और वही शंभु हइ मानो।।

जल पृथ्वी आकास धरी।
वही फूल और बास धरी।।
वहि प्राण और जीव हि जानो।
जीव को भय मृत्यु ही मानो।।

शंभु के अधीन ही सबके मृत्यु जान।
महाकाल ही नाम जो शंभु को पहचान।।

पाँच बार जो इनको सुमिरे।
इनके महिमा सृनन करे।।
वापर दया करत हैं शंभु।
अद्‌भुत कृपा करत हैं शंभु।।

रखी आनंद भई अवगुनी।
पाँच बार शिवलीला सुनी।।
शिव पुराण जब सूत सुनाए।
शिव ऋषियन को दरस दिखाए।

जो यह कथासुनी निश्चै धर।
वाकी रक्षा राखी हैं शंकर।।
जो पुराण पढ़ सकल सुनावे।
मन इच्छा पूरन फल पावे।।

और जो लिखी बहुत सुख पावी।
अंत काल कैलास ही जावी।।
जीवन मुक्ति पावें सकरी।
जानो अमर लिखावें सकरी।।

सदा कृपा उनपर करे शंभु दीन दयाल।
शंकर भोलनाथ हैं भक्तन के रछपाल।।

एक सहस सत नौ अधिक और चालीस पे सात।
सिम्त महीना पूस को थी दूज के प्रात।।
तेरा सत पर आठ थी और हिजरी के साल।
तीसवीं पहली जमादी के सोमवारथ काल।।

शिव कृपा सी हो पूरन शिव पुराण।
भाका को बक्ता बनियो गिरधारी अज्ञान।।
मूर्ख कुछ जानत नहीं कबिताई की रीत।
भक्ति भाव और प्रीत सों गायोई सुर गीत।।

भूल चूक जो कछू लिखी वाको देव सोहार।
जो नर नर कहन और परमें करें यहि उपकार।।
और निश्चै धर जो सुनें सप्त सहीत मांहीं।
दो जग में आनंद सों सुख हो गुण कहाईं।।

मांगत यहि है निस दिवस गिरधारी प्रसाद।
आसफ़ के सरकार यह सदा रही आबाद।।

....

....

या कारज हैं अति मन देनी।

भक्ति भाव सें कृपा कीनी।।

पन भारत जीवन के मांही।

छप प्रसिद्ध कियो जग मांही।।

राम कृष्ण प्रचार करायो।

सब शिव भक्तन की मन भायो।।

पढ़ी जो शंभु पुराण यह और सुनि धर ध्यान।

सदा दयावान पर करें, श्री संकर भगवान।।

क्या खूब यह शंभु पुराण लिखा।

गिरधारी ने गीर्वाण सी भाका।।

तारीख मानवी वसूरे।

कह तेरा सौ पे आठ हिजरे।।

फिर एक को तीन सी मिलादो।

तस्नीफ़ कर्द अहाद समझो।।

जब शंभु पुराण माक को तुम।

एदाद में हिजरी के करें ज़म।।

सिम्त के साल होंगे ज़ाहिर।

बाक़ी तारीखन लिखा नादिर।।

$$\begin{array}{r} 1308 \\ \underline{639} \\ \underline{1947} \end{array}$$

साखी किए तारीख जो चाहो पारस लिखता सो जानो

बंसीराज बहादुर को ही शंभु चरित्र पहचानो।

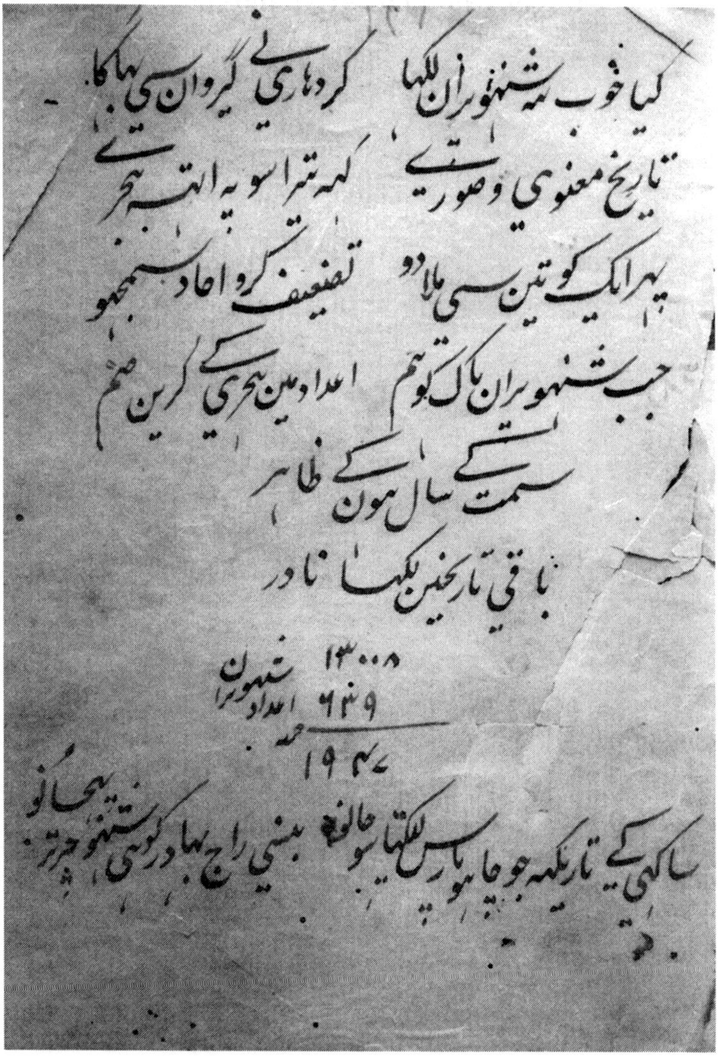

تاریخ معنوی و صورتی
پھر ایک کو تین سی ملا دو
سمت کے سال ہوں گے ظاہر
باقی تاریخیں لکھا نادر
١٣٠٨
٦٣٩
١٩٤٧

शिवपुराण की पांडुलिपि का अंतिम पृष्ठ